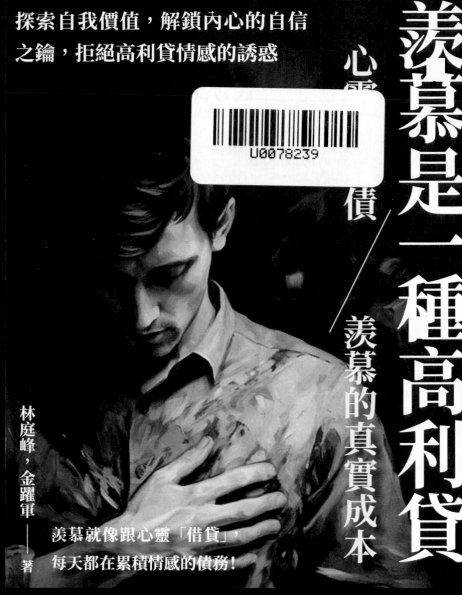

探索自我價值，解鎖內心的自信之鑰，拒絕高利貸情感的誘惑

羨慕是一種高利貸

心靈債／羨慕的真實成本

林庭峰，金躍軍——著

羨慕就像跟心靈「借貸」，
每天都在累積情感的債務！

忍不住跟別人做比較，認為自己樣樣不如人；
一旦感覺自己不如人，就更沒有向上的動力……

你還要活在羨慕的陰影裡，一輩子自我否定嗎？
拋開那些阻礙成長的負面想法，找出自己獨一無二的魅力！

目錄

第二章
不是我很盧，我只是有毅力

第三章
技巧，幫助萌新快速升級

第四章
壞習慣讓你與成功擦肩而過

第五章
燃燒鬥志！別被同溫層蒙蔽雙眼

第六章
對，只有你覺得謊言包裝得很好

跋

前言

社會發展到今天，每個人都不再擁有「坐享其成」的特權，機會要靠自己去爭取。因而，把自己推向社會成了一項重要任務。只是這項任務並不是很容易完成，有時要經歷幾次、幾十次，甚至數百次的挫折失敗。

毋庸置疑，人們常常會稱讚冠軍，那麼，到底冠軍與輸家之間有什麼不同呢？運氣？也許是。但也許是冠軍多下了一點點功夫，多花了一點點時間；也許是冠軍肯下功夫對付自己的壞習慣，直到把它戒除。

現在回到自己身上。首先你得承認，你一定有一些或者很多壞習慣，而且你知道它們是什麼──是拖延、放縱、懶惰、壞脾氣、缺乏毅力，或者更多，那麼你就應該要承認，只要這些不良習慣存在，你就不可能有太大長進。

因此，你首先必須將自己推銷出去，勇於將自己置身於成功的大門之前，用自信去敲門、用毅力去敲門、用技巧去敲門、用好習慣去敲門、用鬥志去敲門、用真誠去敲門，只要你持續不斷地去敲門，成功之門最後總會向你敞開的。

願這本書成為你生活與工作中鼓舞士氣、振奮人心、激勵鬥志的一塊敲門磚，誠如此，我們將不勝欣慰！

第一章

沒看錯，這就是一場自信 Party

　　深刻的自我認知對一個人是否能成功，確實發揮著關鍵性的作用。你以為自己是怎樣的人，就會有怎樣的表現，這兩個是一致的。你覺得自己一文不值，你就不會得到有價值的事物。

1 我是獨一無二的！

成功金言

拿破崙·希爾說：「贏得一切的關鍵在於能不能積極思考。你的思考決定你的行動，你的行動則決定別人對你的看法。」

你是否注意到，為什麼推銷員會對某位顧客畢恭畢敬，並且說：「是的，先生，我能不能為您服務？」但對另一個顧客則不理不睬；一個男人願意為一位女士開門，而不願意替另一位開門；一個員工對某個高級職員百依百順，對另一個卻「不買帳」；或者我們對某個人所說的話聚精會神，對另一個卻心不在焉。

請你稍微注意一下你的周圍，有些人只能收到「嗨！」的招呼，有些人卻能享受到真誠的「是的，先生」這樣的禮遇。多觀察一下你就會發現，有些人能自然地表現出自信與令人讚美的風度，有些人則做不到這一點。

再仔細觀察，你會發覺，那些真正受人敬重的人，都是最成功的人物。

這究竟是什麼原因呢？ 我們可以把它濃縮成兩個字，那就是：思考。

思考確實有這種效果。那些自以為比別人差一截的人，不管他實際能力到底怎樣，一定會比別人差一截。這是因為思想本身能協調並控制各種行動。如果一個人自己覺得比不上別人，他就會表現出真的比不上別人的各種行動。而且這種感覺無法掩飾或隱瞞。那些自以為不很重要的人，就真的會成為很不重要的人。

在另一方面，那些相信自己具有承擔重任的能力的人，就真的會成為一個很重要的人物。

所以，若想成為重要人物，就必須先承認自己確實很重要，而且要真正的這麼覺得，別人才會跟著這麼想。下面是關於這種思考的推理原則：

你怎麼思考將決定你怎麼行動，你怎麼行動將決定別人對你的看法。

就像你自己的「成功計畫」一樣，想要獲得別人的尊重其實很簡單。為了得到別人的敬重，你必須先覺得自己確實值得別人敬重，而且你愈敬重自己，別人也愈會敬重你。試想一下：你會不會敬重那些在街上遊蕩的人呢？當然不會。為什麼？因為那些流浪漢根本不看重自己，他們只會讓自卑感腐蝕他們的心靈而自甘墮落。

自我敬重的感覺所產生的作用，會不斷地在我們所做的每一件事上顯示出來。現在，讓我們把注意力轉移到一些特殊的方法上，以此幫助我們增加自我敬重的感覺，因而得到別人更多的敬重。

第一章
沒看錯，這就是一場自信 Party

　　要讓你自己看起來很重要，這樣會使你覺得自己確實很重要。這個原則就是：

　　你的儀表本身「會說話」，要使你的儀態顯示出一些積極因素比較好。每天上班以前，務必使你看起來就像你理想中的重要人物一樣。

　　有一個廣告上說：「要使你穿著得體，因為你永遠不會付不起這個費用。」這個口號是由一個男性穿著研究機構提出的，確實值得大力推廣到每一間辦公室、休息室、寢室以及教室。另一幅廣告中有一個知名人士鄭重指出：

　　你很容易由穿著判斷一個小孩有沒有良好的素養，當然不見得每一次都對，但畢竟是一件值得大家共同正視的事實。人們會從外表來判斷一個人的作為，一旦有了先入為主的印象，要改變對他的看法或對他應該採取的態度的確很困難。請你看看你的孩子，用老師和鄰居的眼光來看：他的模樣和打扮會不會給人留下不良印象？不管他走到哪裡，是不是都穿著得體，有出眾的儀態呢？

　　當然這個廣告是針對兒童的，但也適用於成人。把上面廣告詞中的「他」換成「你自己」，「他的」換成「你的」，「老師」換成「主管」，「鄰居」換成同事，然後再念一次。請試用你的主管和同事的眼光來打量你自己，這樣，你就會增強自信，由被動變為主動。

2 信心鍛鍊，自立自強不怕難

成功金言

洛克斐勒說：「自信能給你勇氣，使你勇於向任何困難挑戰；自信也能使你急中生智，化險為夷；自信更能使你贏得別人的信任，從而幫助你成功。」

成功始於自信，這個道理人人皆知，但並非人人都能做到。試問：當艱巨的任務擺在你面前時，你能夠充滿信心地勇敢面對嗎？當受過許多次挫折後，你仍然能對自己最終達到目標的信心毫不動搖嗎？當周圍的人都瞧不起你，認為你是個「廢物」、「無能之輩」時，你仍然能堅信「天生我材必有用」嗎？……

如果你的回答是肯定的，就說明你有很強的自信心。

如果你的回答是含糊的，甚至是否定的，那你就需要鍛鍊你的自信心了。

「輕蔑自己」、「自暴自棄」，都是由於缺乏自信心所致。許多人缺乏自信，常常跟童年時經常受到父母或師長的貶損有關。「你怎麼那麼笨？」「你真是沒出息。」「你將來只會一事無成」

第一章
沒看錯，這就是一場自信 Party

……這些外部評價會潛入你的頭腦，使你慢慢變得畏縮、膽怯，不敢自我表現。許多人缺乏自信，胸無大志，只圖舒服安逸。還有，就是傳統觀念中的一些消極思想影響了他們，什麼「出頭的椽子先爛」，「不求無功，但求無過」，「富貴在天，生死由命」等等，這些都壓抑了一個人對自己的信心。

中國古語說：人皆可以為舜堯。的確，不要輕視自己的信心，天地人三才都蘊藏在六尺之軀中。不要輕視自己這一輩子，千古的功業就在此奠定。

這是多麼激勵人心的話語，也是人對自身價值應有的判定。我們要努力拋棄自卑、無所作為、甘居下游的想法，充滿自信地去發揮自己，推銷自己，實現自己的成就。

戰國時期，秦國欲攻打趙國，趙國的平原君準備帶 20 位客卿去楚國，希望說服楚國與趙國建立統一的抗秦聯盟。當 19 位文武雙全的客卿選好，還差一位時，坐在最後的毛遂自薦而出。平原君嘲諷地說：「有本事的人就好像帶尖的錐子放在布袋裡，它的尖很快就會顯露出來。而你來了 3 年，還沒顯出本事，你就不用去了吧。」毛遂說：「如果公子把我早一天放在布袋裡的話，那麼恐怕整個錐子都跑出來了，更不用說錐子尖了。」毛遂這一番充滿自信的話使平原君打消了顧慮，帶他去了楚國。在楚王猶豫不決時，毛遂挺身而出，大義凜然，說服了楚王，使得趙楚聯盟終於達成。毛遂自薦成為一個人充滿自信、勇於展示自我的象徵。

一個人要有信心，但不可驕傲自大，剛愎自用。要對自身優勢與劣勢有正確的分析判斷。自信心是激勵自己實現偉大志向的一種信念，而不是逆歷史潮流而動的野心的膨脹。自信是以理智為前提的，自信必須自覺，自信必須清醒，自信必須依靠真理。真正有自信心的人，不會拒絕別人的提醒和建議，他們不會因別人提出了尖銳的意見就氣憤、就沮喪、他們有海納百川的度量，也有改過自新的勇氣，因為他們相信，這能夠讓他更完善，取得更大成功。

不要妄自菲薄，你要始終認為自己是很有價值的。有了這份自信心，你才可能有勇氣去爭取達到更高的目標。下面是我們提出的一些方法，相信會有助於提升你的自信心：

正視別人。不正視別人通常意味著：在他（她）面前你感到很自卑，你感到不如他（她）你怕他（她）……，而正視等於告訴別人：你很誠實，光明磊落，毫不心虛。所以，請練習正視別人吧！

坐前面的位子。許多人在開會或參加集體活動時，喜歡坐後面的座位。其中的原因，多數都是希望自己不要太「顯眼」。而這正說明他們缺乏自信。請從現在開始，盡量往前面坐吧！

當眾發言。在會議中沉默的人都認為：「我的意見可能沒有價值，如果說出來，別人會覺得我很蠢，我最好什麼也不要說。」越是這樣想，就越來越會失去自信。但如果積極發言，就會增加信心，下次也就更容易發言。要當「破冰船」，第一個

打破沉默。也不要擔心你會顯得很愚蠢，因為總是會有人同意你的意見。

加快走路的速度。許多心理學家認為懶散的姿勢、緩慢的步伐常常跟此人對自己、對工作以及對別人的不愉快的感受有關。而藉著改變姿勢與步履速度，可以改變心理狀態。普通人走路，表現出的是「我並不怎麼以自己為榮」。另一種人則表現出超凡的信心，走起路來比一般人快，像是在告訴全世界：我要到一個重要的地方，去做重要的事情，而且我會做好。使用這種加快步伐的方法，你就會感到自信心在增加。

一些人缺乏自信心，除了輕視自我之外，也與「內功」不深有關，就是說，他的知識儲備、實踐能力還有欠缺，因此常常會表現得「底氣」不足。這就要求我們要努力充實自己。

哥白尼勇於向「地心說」挑戰，是他廣泛而深入地鑽研天文學、數學和希臘古典著作，並在 30 多年裡孜孜不倦地觀測天象的結果。有著厚重的知識功底，他才能寫出偉大的《天體運行論》。

「給我一個支點，我就能移動地球。」阿基米德有這樣的豪言，是因為他掌握了科學知識。

可見，自信心對於一個人的成功而言是多麼重要。沒有自信心，首先就會束縛了自己發展的手腳，也不會得到別人的敬重和信任。但自信必須有知識作後盾，這是我們應該銘記的。

3 期盼大挑戰！自信飲料來一杯

成功金言

托爾斯泰說：「成功來自於強烈的期盼，孕育於痛苦的掙扎，是追尋自我，勇於冒險，最終超越自我的一種必然。」

美國著名教育學家卡爾・羅傑斯說過：「誰也不能教會誰任何東西。」這就是說，要真正學到知識，掌握本領，把握命運，取得成功，只有靠你自己。

有個叫瑪爾賽的女人，陪同從軍的丈夫一起來到拉美的一片沙漠之中，當丈夫外出訓練時，她常孤零零地獨自住在被沙漠包圍著的鐵皮房子裡，有時很長時間沒有丈夫的一點音訊，她深感寂寞、無聊和痛苦，整天唉聲嘆氣，雖然有當地土著——印地安人和墨西哥人，但他們和她語言不通，無法交流。她本來是個對生活充滿熱愛的人，可是這裡的生活卻在一點一點啃噬著她的心靈。她將這種孤獨的痛苦寫信向遠方的父母傾訴，想離開這裡。頗有涵養的父母寫的信言簡意賅，充滿哲理，其中一句話讓她深深思索：

第一章
沒看錯，這就是一場自信 Party

「兩個人從牢房的鐵窗裡望出去，一個人看到了墳墓，一個人看到了繁星。」

看似絕望的環境，仍然能活出精采的自己，前提是始終要有衝破黑暗的信心。

第二年，她將她的收穫付諸文字，整理成文，出版了一本叫做《快樂的城堡》的書，暢銷世界！她非常興奮，她終於在茫茫無邊的寂寞中看到了「繁星」，她再也不必唉聲嘆氣了，生活對她來說是多麼的豐富多彩！

瑪爾賽領悟品格的內涵，所以，瑪爾賽在找回信心與勇氣的同時也看到了天上的「繁星」。

宋代散文家王安石寫了篇《遊褒禪山記》，講到華山有個山洞，很深而且又黑又冷。「入之愈深，其進愈難，而其見愈奇」。但最終怕有進無出而不敢深入進去。後來他後悔道：「世之奇偉瑰怪非常之觀，常在於險遠，而人之罕至焉，故非有志者不能至也。」進去不難則常見，常見則沒有奇特；要奇特就必須懷著一種強烈的求勝心理，克服巨大的困難，冒大的風險，這樣才有機會發現天上的繁星。

成功來自於強烈的期盼，孕育於痛苦的掙扎，是追尋自我，勇於挑戰，最終超越自我的一種必然。喪失品格中最重要的東西，成功就不會向你招手。

4 自己都愛不夠了，還要羨慕他人？

印度詩人泰戈爾說：「不管你遇到什麼，都要竭盡全力地從中選擇它好的一面。」

在現實生活中，失敗者羨慕成功者，醜陋者羨慕美貌者，窮人羨慕富翁，上班族羨慕老闆，少年羨慕英雄，少女羨慕明星，如此等等，希望自己的未來就是他人現在所擁有的一切。

但是，羨慕者往往為盲目的羨慕所傷害。

盲目的羨慕很容易導致自卑，人一旦自卑就很容易減弱自身的進取精神。

其實，真正的楷模是只能讓人去領悟的，絕不可以「複製」。模特兒的時裝很有魅力，但你穿上不一定就漂亮。模特兒有模特的身材和氣質，你不一定有。但對此，你也不要自卑，因為你有自己的身材和氣質特點，你可以塑造相應的魅力，不必強求他人的模樣。人人都有自己的個性和特色，人人都有適合自己的生活空間。盲目的羨慕和攀比，等於是拋棄自己的個性和特色，不論處於何種境況，一般而言，一個人注定擁有一

份值得自己自豪、使自己光榮的才能優勢和個性潛質。

像世間的萬物一樣，生存在這個世上的一切，從不同的角度來看，都是有其作用的。對於人來說就更是如此。小草如果只看到參天大樹的挺拔和偉岸，只知道羨慕，那麼它就只有黯然神傷，只有羞愧地消失。可是小草卻自信地認識到自身的潛質，小草依舊在發揮自身的價值，這使它獲得了足夠的生存理由。正因為有了這足夠的生存理由，小草才能理直氣壯地遍及天涯海角。世間萬物尚且如此，那麼人類亦然。

人生匆匆幾十年，人的能力提高是有一定限度的，能將一件事情做得很好已經不錯了，對於匆匆而過的人生，你要不了更多，不要在乎他人正在做什麼，取得了什麼樣的成績，重要的是你喜歡做什麼，你能夠做些什麼。

大學畢業生柳萌，是一位性情溫柔，容貌出眾，能歌善舞的女孩，畢業後到了報社工作，是眾多男人傾慕的目標，也是周圍女孩羨慕的對象。不久前當她突然昏倒住進醫院時，人們才知道她患有嚴重的先天性心臟病。當同事們去醫院探望她時，她含著淚說：「我羨慕你們每個健康的人啊！」

盲目的羨慕像「圍城效應」，多少有點像捧著金飯碗要飯吃的愚蠢。許多人常常抱怨自己生不逢時，運氣不好，感嘆人生苦澀，發財無門，卻對自身擁有的一切視而不見。其實，無論你是誰，一定有許多認識的或不認識的人在由衷地羨慕你，羨慕你的健康，羨慕你的年輕，羨慕你的高大，羨慕你的聰明才

智，羨慕你有一個溫暖的家庭，羨慕你寫的一手好字，甚至羨慕你光潔的皮膚、烏黑的長髮和雪白的牙齒……

只要忠實於自己的能力，願意付出相應的努力，抓住機遇，每個人都有成功的時候。在追求成功的過程中，應該學會守望、忍耐和等待，守望自己的心願、忍耐艱辛的歷程和躬行默默的耕耘，也應該學會正確看待他人的成功和自己的堅守。

西班牙作家塞拉在榮獲 1989 年諾貝爾文學獎後，在談及自己的成功之道時說：

「勤奮工作，認真嚴肅地對待自己的職業，不去嫉妒別人，也不理會別人的嫉妒。」

因此，不要在盲目羨慕他人的精神沼澤中失去自己，更不要在羨慕他人時輕視自己，使自己喪失進取的鬥志，因為羨慕是一種循環往復以致無窮的精神「高利貸」，你窮其一生也償還不起。

不要再盲目地羨慕他人了，你羨慕的人也許正羨慕你，明天的你也許要羨慕今天的你。放棄羨慕，輕裝前進，按自己的信念走下去，就一定會有一個成功的人生。

5 魅力大爆發！自信就是行走的磁場

成功金言

巴菲特說：「學著對自己仁慈點，列出一張你的勝利和成功的清單。當你想到自己已完成的事時，你對能做的事會更有信心。」

文學名著《簡‧愛》中的莊園主羅傑斯特是一個財大氣粗、性格孤僻的人，但他怎麼會愛上地位低下而又其貌不揚的家庭教師簡‧愛呢？這是因為簡‧愛自信自尊，富有人格的魅力。當主人羅傑斯特向她吼叫「我有權蔑視妳」的時候，歷經磨難的簡‧愛用充滿過人的自信和自尊及由此帶來的鎮靜的語氣回答：「你以為我窮，不好看，就沒有感情嗎？……我們的精神是平等的，就如同你和我將經過死亡，同樣地站在上帝面前。」正是這種自信的氣質，使她獲得了羅傑斯特由衷的敬佩和深深的愛戀。簡‧愛這個普通婦女的藝術形象，之所以能夠震撼和感染一代又一代各國讀者的心靈，正是她以自信和自尊為人生的支柱，才使自己的人格魅力得以充分展現。

相貌平平者，從現在開始，不必再為你的外貌不驚人而煩

惱，因為「一個人越自信，他的性格越迷人」。增加幾分自信，你便會增加了幾分魅力。

拳王阿里有一個綽號叫「牛皮詩大王」。他每次比賽前都喜歡作詩，以表達自己必勝的自信心。如他經常宣傳的詩句是：

最偉大的拳王，

二十年前便已露鋒芒。

我美麗得像一幅圖畫，

能把任何人打垮。

……

他預告哪個回合取勝，

就像這是必然的事情。

他把敵人玩弄於掌中，

迅如雷，疾如風。

也許正是因為心中充滿了自信，才使得阿里一次次擊敗對手。在世界上，人們可能不知道外國總統是誰，但人人都知道拳王阿里。

英國的布朗說：「處於現今這個時代，如果說『做不到』，你將經常站在失敗的一邊。」

大多數人所表現的自信要大過我們所意識到的，我們很早便知道相信自己。在你跨出第一步時，你就相信你會走；在你說出第一句話之前，你就相信你會說；因為你相信，所以你會去完成它。

第一章
沒看錯，這就是一場自信 Party

當你相信自己能做出最好的成績時，你不僅會發現自信提高了，而且會發現自信會有助於你的表現。

6 堅持自己才有後續劇情

成功金言

達爾文說：「每一個人的信念、價值觀都是在不斷演變中，正是因為人與人之間的各不相同，才創造了這個有意義的世界。」

任何人都應該堅持自己的個性，才能達到真正的成功，因為另一個人身上的成功不可能在別人身上展現出來。

李·布雷克森生於北卡羅萊納州，父親是貧苦的鐵匠。他在 12 名子女當中排行第十。他年少時非常用功，在學校的功課是第六名。他替人擦鞋、送雜貨、送報紙、洗車，還當過技工學徒。

成為正式的技工之後，他認為自己的生活就只能這樣了。結婚之後，他的收入微薄，和妻子節衣縮食，卻也只夠溫飽，更可怕的是，布雷克森又失了業。由於付不起抵押的貸款，他的房子即將遭到拍賣。

絕望之際，布雷克森發現並讀了一本關於致富的書。「要追求財富，」他告訴自己，「我必須做一件事情，那就是首先必

須培養積極的態度，選定一個明確的目標，才能突破困境。我一定要走出去，就從現在找到的第一份工作開始。」他找到了一份工作。一開始薪水並不高。幾年之後，他籌建了懷特維第一國家銀行，並擔任總裁。其後又當選為市長，經營著許多成功的企業。他的目標定得很高，要在 50 歲以前，賺到足夠的財富後退休。結果是，他提前 6 年達到了自己的目標，44 歲就退休了。從那之後，李・布雷克森過著充實富裕的生活。

如果你想要成功，從今天開始，就不能再隨波逐流。將目標牢記在心裡，永不放棄。

沒有兩個人的長相及人生經驗會完全一致，即使是雙胞胎也會不一樣。所以世界上沒有兩個人的態度、信念、價值觀系統會是一樣的。

沒有兩個人對同一件事的看法能夠絕對一致，所以對同一件事的反應也不會一樣。

發生在一個人身上的事，不能完全假定發生在另一個人身上也會有一樣的結果。

尊重別人的不同之處，別人也會尊重你獨特的地方。

要以個性來衡量問題。一個人要穩固長久地保持住榮耀的唯一的方法，就是始終做你想成為的人，保持住成功的信念。

7 自信無極限！相信自己能更強

成功金言

巴斯德說：「如果問人生中最重要的才能是什麼？那回答則是：第一，無所畏懼；第二，還是無所畏懼。」

一般人都認為不可能的事，你卻敢向他挑戰，這就是踏上成功之路了。然而這是需要信念的，信念並非一朝一夕就可以產生。因此，想要成功的人，就應該不斷地去努力培養信念。

其中的一個方法是，多讀一點有關的好書。然後利用潛意識的無限的能力，使事情變成可能。

另一個方法是，提高自己的欲望。藉著提高自己的欲望來培養自己的信念，也就是要抱著欲望去挑戰，而從經驗中培養信心。這時候如果能搭配讀一點好書的話，效果會更好。

有一位推銷員從一本書中看到一句話：「每個人都具有超出自己想像兩倍的能力。」當他相信了這句話後便迫不及待地想要印證。

他首先思考自己以往的工作狀況及態度，並且試著調查每天平均的訪問次數，除以平均訂約的件數，就是顧客可能訂立

契約的機率。結果發現一項重要的事實，那就是以前自己每次
有和顧客訂約的機會時，總是因為畏縮怠惰而白白喪失良機，
甚至連訪問顧客的工作都不曾實行過。

　　從此這位推銷員不再專注於狹窄的利益，而決心鞏固遠大
的利益：

· 訪問可以訂立大契約的客戶；

· 增加每天的訪問次數；

· 努力爭取最多的訂單獲得率。

　　這位推銷員是否印證了兩倍能力的說法？ 是的，而且比兩
倍還要多，就在放大目標後的 5 個月，他獲得了比從前多 5 倍
以上的訂單。

　　以「可能」這種思想為種子，播在你的意識中，然後注意
培養、管理。不久，這顆種子會慢慢生根，從各方面吸收養
分。如果能熱心並忠實地繼續培養信念的話，不久所有的恐懼
感就會消失殆盡，不會像過去一樣出現在軟弱的心中，自己也
就不會再成為環境的奴隸。但是你必須站到高塔上去觀察環
境，你將發現自己能有對環境指揮若定的偉大力量。

8 以信念之旗征服世界

高爾基說：「只有滿懷信念的人，才能在任何地方都把信念沉浸在生活中並實現自己的意志。」

美國社會學家曾做過一項深入的研究，在這項研究中，調查了從《美國名人錄》中隨機選出的 1,500 名有突出成就的人的態度和特性。《名人錄》收錄的主要標準和條件不是財富，也不是社會地位，而是目前在某一領域中的成就。

他們的研究結果顯示，最成功的人都表現出許多相同的特性，自信心就是其中五項影響成功最重要的因素之一。

最富有成就的人就是依靠他們自己的自信、智慧和能力取得成功。對於這點，被調查者的 77% 給他們自己的評價是 A 級。

自信心不在於你的感覺如何，也不在於你是如何優秀的人，而在於你是否能採取明確的行動來使生活中的問題得到解決的才智。它包括獨立的意志力和制定目標的能力。

一位在成功的註冊會計師說：「我成功的原因不僅僅在於我

所從事的工作給我帶來的驕傲，它還在於為達到既定目標所必需的不懈努力的勇氣和精力。」

信念好比航標燈射出的明亮的光芒，在朦朧浩瀚的人生海洋中，指引著人們走向輝煌。高高舉起信念之旗的人，對一切艱難困苦都無所畏懼。相反，信念的旗倒下了，人的精神也就垮了下來，而從來就不曾擁有過信念的人對一切都會畏首畏尾，在漫長的人生旅途中抬不起頭，挺不起胸，邁不開步，整天渾渾噩噩，看不到光明，因而也感受不到人生的成功所帶來的幸福和快樂。

信念來自精神上對成功的追求，又對成功起極大的推動作用，主要表現於：

- 信念可以排除恐懼、不安等消極因素的干擾，使人在積極肯定的心理支配下，產生力量，這種力量能推動我們去思考、去創造、去行動，從而完成我們的使命，實現我們的心願。
- 面對充滿誘惑和多變的世界，面對許多不確定的因素，有信念的人，能堅守自己的理想和目標而不動搖，從而按自己的心願，以自己的方式走向成功和卓越。
- 信念產生信心。信心可以感染別人，一方面激發別人對你的信心，另一方面使更多的人感染到信心。這樣容易贏得他人的好感，具有良好的人緣。而人緣好，機會就多，這樣成功就會變得更加容易。

　　成功學家希爾說：「有方向感的信念，令我們每一個意念都充滿力量。」

　　美國前總統雷根說：「創業者若抱著無比的信念，就可以締造一個美好的未來。」

9 積極的心態可以制勝

成功金言

羅素說：「積極心態的確能使人轉敗為勝，將弱點轉化為力量。」

人如果滿足於現狀，就不會渴望創造。沒有樂觀的期待，或者因為眼下無法實現而不去追求，都會妨礙創造力的發揮。

其實，發明家和普通人是一樣的人，所不同的是，他們總是希望有更多好方法。

繫鞋帶時，他們希望有更簡便的方法，於是便想到了用帶扣、按扣、橡皮筋和磁鐵代替鞋帶。

煮飯時，他們希望省去擦洗鍋底的煩惱，於是便有了不沾鍋的塗料。

所有一切，都來源於改進現狀的願望。

世界冠軍摩拉里就是一個具有積極心態的人。早在少不更事、守著電視看奧運競賽的年紀，他的心中就充滿了夢想，夢想著即將到來的成功。1984 年，一個機會出現了。他在自己擅長的游泳項目中，成為全世界最優秀的游泳者，但在洛杉磯奧運會上，他卻只拿了亞軍，冠軍的夢想並沒有實現。

摩拉里重新回到游泳池裡，也回到新的夢想裡。這一次的目標是 1988 年韓國漢城奧運金牌。沒有想到的是，他的夢想在奧運預選賽時就煙消雲散，他竟然被淘汰了。摩拉里變得沮喪。但他把這個夢想深埋在了心中，跑到康乃爾去念律師學校。

有三年的時間，他很少游泳，可是心裡始終有股烈焰，他無法抑制這份渴望。離 1992 年巴賽隆納奧運會比賽不到一年的時間，摩拉里決定再孤注一擲。在這項屬於年輕人的游泳賽中，他算是高齡，簡直就像是拿著槍矛戳風車的現代唐吉訶德，他想贏得百米蝶式泳賽的想法簡直蠢不可及。對摩拉里而言，這也是一段悲傷艱難的時刻，因為他的母親因癌症而離世了。她無法和他一起分享勝利的成果，可是追悼母親的精神增強了他的決心和意志。

令人驚訝的是，摩拉里不僅成為美國代表隊成員，還贏得了初賽。他的紀錄比世界紀錄慢了一秒多，在競賽中他勢必須創造一個奇蹟。加強想像，增加意想訓練，不停地訓練，他在心中仔細規劃賽程。直到後來，不用一分鐘，他就能將比賽從頭到尾，像透徹水晶般仔細看過一遍。他的速度會占盡優勢，他希望能超越自己的競爭者，一路領先。

預先想像了賽程，他就開始游了，而且最終他成功了。那一天，他真的站在頒獎臺上，看著星條旗冉冉升起，美國國歌響起，頸上掛著令人驕傲的金牌。憑著他的積極心態，摩拉里將夢想化為勝利，他終於成功了！

心態是世界上最神奇的力量。帶著愛、希望和鼓勵的積極心態往往能將一個人提升到更高的境界；反之，帶著失望、怨恨和悲觀的消極心態則能毀滅一個人。因此，我們一定要保持一種積極的心態。

一個年輕人如果萎靡不振，那麼他的行為必定緩慢，臉上必定毫無生氣，做起事來也會弄得一塌糊塗、不可收拾。他的身體看上去就像沒有骨頭一樣，渾身軟弱無力，彷彿一碰就倒，整個人看起來總是糊裡糊塗、呆頭呆腦、無精打采。

在生活和事業中，有很多人都埋怨自己的命不好，別人為什麼容易成功，而自己卻一點成就都沒有呢？其實，他們不知道，失敗的原因只能是他們自己，比如他們不肯在工作上集中全部心思和智力；比如做起事來，他們無精打采、萎靡不振；比如他們沒有遠大的抱負，在事業發展過程中也沒有去排除障礙的決心；比如他們沒有使全身的力量集中起來，去挖掘成功。

以無精打采的精神、拖泥帶水的做事方法、隨隨便便的態度去做事，不可能有成功的希望。只有那些意志堅定、勤奮努力、決策果斷、做事敏捷、反應迅速的人；只有為人誠懇、充滿熱忱、血氣如潮、富有思想的人，才能把自己的事業帶入成功的軌道。

10 擊敗「我辦不到」魔咒

成功金言

培根說：「恐懼是粉碎人類個性最可怕的敵人。」

生活中有這樣一種人，他們內心對成功存有潛在性的恐懼，認為自己「不值得成功」，而陷入心理的陷阱。還沒開始動手，就認為自己必定會成為悲劇主角的人相當多，這是非常錯誤的看法。任何人都有成功的價值，只要相信自己能做到，全力以赴，你就有獲得成功的資格，一切的結果全看你如何做。

造成心理陷阱還有一個因素，那就是「個人改變方向症候群。」所謂改變方向，就像自然界中整體的動態，常會傾向於能量較低之處，人亦是如此。愛因斯坦說：「我不能容忍這樣的科學家 —— 他拿來一塊木板，在最薄的地方鑽很多孔。」

實際上人人都有這種「拿軟柿子捏」的傾向。譬如在面臨一件事時，很多人會說：「不！我不會做！」「我不要！」企圖走向困難較少、較輕鬆的路徑。這種想法會阻礙我們邁向成功之途。唯一解決之道，是盡量使自己處於能量高的地方，去發展自身的事業。

第一章
沒看錯，這就是一場自信 Party

　　有人說我們內心有兩股力量，一股力量使我們覺得自己天生是來做偉人的；另一股裡卻時時提醒我們：「你辦不到！」

　　著名男高音歌唱家卡羅素，有一次在歌劇院的廂房等著上場，劇院中座無虛席。這位偉大的歌唱家突然大聲道：「別擋住我的路，走開！走開！」後臺人員都手足無措，因為並沒有人靠近他。

　　這位偉大的歌唱家在事後解釋說：「我覺得我內心有個大我，他要我唱，而且知道我能唱。但另外有個小我，他會害怕，而且說我不能。我只是命令那個小我離開我。」

　　重量級拳王吉姆‧柯伯特有一次在做跑步運動時，看見一個人在河邊釣魚，一條接著一條，收穫滿豐盛的。奇怪的是，柯伯特注意到那個人釣到大魚就把牠放回河裡，小魚才會裝進魚簍裡。柯伯特很好奇，他就走過去問那個釣魚的人為什麼要那麼做。釣魚的人答道：「老兄，你以為我喜歡這麼做嗎？我也是沒辦法呀！我只有一個小煎鍋，煎不下大魚啊！」

　　這是事實，很多人從來沒有成功過，是因為他們太害怕失敗，以至於他們不願意努力，不願意嘗試成功。很多時候，我們有一番雄心壯志時，就習慣性地告訴自己：「算了吧，我想的未免也太愚蠢了，我只有一個小鍋子，可是煮不了大魚。」我們甚至會找個理由來勸退自己：「更何況，如果這真是個好主意，別人一定早就想過了。我的胃口沒有那麼大，還是挑比較容易一點的事情做就好，別把自己累壞了。」

事實上，許多現象說明：最危險的不是危險的來臨，而是早於危險來臨的恐懼。它會使人懦弱，使人失節，使人喪失意志，使人失去鬥志，帶來的則是更大的不幸和痛苦。

害怕失敗是一個問題，而且一不小心就會變成一個大問題。在此提供給你兩點建議，希望能幫助你克服對失敗的恐懼，讓你放鬆情緒，坦然地嘗試成功的機會。

首先，你必須了解，總有一些時候，你就得去試一試。鼓起勇氣，咬緊牙根，勇往直前就是了。舉例來說，也許有人要邀請你去演講，而你卻害怕得要死。在這種時候，就算你牙齒顫抖，雙膝發軟，你還得要站到臺上去，把你的演說完成。

其次，不要光坐在那兒只想等待一個最好的時機才開始你的計畫，應該做的時候，去做它就是了。世界上無所謂什麼最好的時機，最好的時機都是人去創造出來的。

想要克服對失敗的恐懼，可以從小小的成就開始，簡單地說，就是從第一步開始，從現在開始。

11 樂觀，撐起自信的超能力

成功金言

畢卡索說：「生活中最殘酷的事情莫過於讓別人評論自己。」

我們生命中成就的大小，大多是看我們能否維持我們生活的和諧，能否拒絕一切足以損害能力、減低效率的精神敵人於心胸之外。

專家說，在運用積極心態方面，多使用積極的表述，也有利於身體健康。語言文字是有影響力的。如果你經常運用消極的話語來描述你的健康狀況，便有可能激發對你身體不好的消極力量。你習慣使用的一些字眼能反映你內在的某種思想。而你的思想是積極還是消極，會影響你的內臟器官。

各種不同的思想或暗示能生出各種不同的影響。我們知道，一種樂觀、積極、愉快的思想，可以給予我們一種快樂、幸福、向上、更新的感覺，可以帶給我們新的希望、勇氣與生活的動力。

每個人的世界、環境都是他自己造成的，他可以將自卑、困苦、恐懼、失望等等東西充滿他的世界，使他自己的生命變

得悲愁痛苦；也可以排除一切自卑、惡意、恐懼等思想，而使自己的心思變得一片清明。

荷蘭出生的國際上最偉大的畫家梵谷，他的藝術對現代繪畫影響非常大，特別對德國表現主義影響更深遠。他一生畫了800幅油畫和700幅素描，但他的全部作品在其生前僅僅只賣出去了一幅。他的一生是在貧困潦倒中度過的，始終在和貧窮、困難和失敗作頑強搏鬥。在17年的繪畫生涯中，他不在乎別人對他的評價，無所謂不被藝術承認，他始終堅持畫他的思想，畫他對生活的認識，並強烈地意識到這才是他真正的職業。

這樣一位舉世無雙的傑出畫家，生前並不知名，也不曾被藝術權威所承認，但是，當他死後10餘年，當世界跨入20世紀，進入一個嶄新的歷史時期的時候，他的作品突然聲響日增，至今不衰。生前，他僅僅賣出去一幅作品，他的窘迫可想而知。死後，在20世紀末，經歷了近百年的藝術考驗，他的作品卻成為國際拍賣史上最昂貴的油畫，爭相被世界各大知名博物館收藏。

好壞要由自己先說，如果梵谷不認為自己的作品是好的，不對自己的未來抱有樂觀肯定的態度，他就不會全身心地投入到這件事中。但是，能否得到別人的承認，好壞就要由別人評說了。

樂觀的人生態度，關鍵在於有一顆歡暢、豁達、幸福、安詳的心。一般來說，世界上並沒有真正的天堂或地獄，天堂和

地獄只不過是人的內心投射或想像的結果。人生的幸福、快樂
與否，往往不取決於現實的世界，一定程度上取決於我們對世
界的看法，亦即對問題的看法，種種煩惱的原因也往往不在於
外界事態，而是主要取決於我們對該事態的看法。

12 自信 VS 排山倒海的困難，決戰即將開始

成功金言

邱吉爾說：「能克服困難的人，可使困難化為良機。」

一般人都苦於缺乏自信，所以常常掉入自卑感中。因此，有必要變換你對自信的全面理解。

美國成功學家馬登說：「自信來源於這樣一種變換的角度：相信自己比別人更好！」自信，強烈的自信，可使人受到激勵而想出種種可行的方法以及技巧。

實際工作中，大部分的人自信程度不夠，但那些進取的人卻永遠對困難保持樂觀。美國中西部某個州一位高速公路官員對此深信不已。有一次，他們的機構給好幾間工程公司發出通知，告訴他們將挑選幾間公司來設計 8 座橋梁。所有橋梁的總工程造價為 500 萬美元，被選中的公司將能獲得總造價的 4%，約等於 20 萬美元，作為這些橋梁的設計費用。

他們與 21 間工程公司談到這件事情。其中最大的 4 家公司當場就提出了建議書。其餘的 17 間公司都是一些小公司，每間

只有 3 到 7 名工程師。這個專案的規模太大，嚇走了 17 家中的 16 家。那些被嚇走的公司都是在看到專案計畫以後，馬上搖頭說：「這個計畫對我們來說太龐大了，即使是試試看，也不會有什麼結果的。」唯有一間只有 3 個工程師的小公司很特別，在仔細研究過該計畫以後，他們說：「我們能做到，我們會做出一份建議書的。」他們果然做到了，也爭取到這份工作的合約。

那些相信他們能「移山」的人定會成功，因為信心激發了他們成功的原動力。

事實上，在當今時代，信心所能成就的事要比「移山」大得多。在太空探險中，如果沒有「我們一定能征服太空」的偉大信念，那些科學家就不會有那麼多的勇氣、興趣與熱忱繼續不斷地研究下去。

下面的每一句話都能幫你樹立自信和積極的心態。

· 不要說「反正」、「我就知道」等話，這是令人感到氣餒的語言。
· 同一件事，用肯定語氣來說，可以消除自卑。
· 將問題抽象化，可降低其令人厭惡的程度。
· 聯想對忘記討厭的東西很有效。
· 產生自卑感時，用「我們」代替「我」，就可能克服自卑感。
· 從腦中消除時限用語，可產生鬥志。
· 擔心自己能否成功，最好在他人面前宣布自己的目標。
· 預測一下未來，使自己興奮起來。

- 陷入低潮時，最好改變生活空間。
- 覺得擔心害怕時，盡量多帶一些自己熟悉的東西。
- 憂鬱時，穿上華麗、活潑的服裝，心情會變得開朗。
- 快節奏音樂可使人產生活力和信心。
- 不要讓周圍光線比桌上光線強，那樣你就無法集中精神。
- 紅色使人積極，藍色使人穩定。
- 強迫自己去做自己厭惡的事，說不定會自然喜歡上那工作。
- 要使精神集中，從事運動或藝術活動，相當有效。
- 要完成目標，首先由小目標做起，容易產生信心。
- 目標愈具體，幹勁就愈高。
- 工作前，先做系統化的規劃，心情會比較輕鬆。
- 要消除倦怠感，就必須打破既定的行程。
- 感到厭煩時，與其休息，不如去從事別的工作。
- 做討厭的事之前，先做喜歡的事。
- 遇事不知所措時，要瞄準到達目的的方向。
- 厭惡的事，一週的開始時去做，會比週末去做有效。
- 做棘手的工作，應該在自己情況最佳的時段內去做。
- 懂得如何將工作停止，就不會對工作感到煩惱。
- 如果是因為工作而感到疲倦，最好是透過工作來消除。

相信會成功，是所有科學新發現背後的動力。相信會成功，是那些已經成功的人所擁有的一項基本要素。

13 成功無他，唯信心獨尊！

成功金言

> 蕭伯納說：「有信心的人，可以化渺小為偉大，化平庸為神奇。」

通往成功的途中，信心是相信自己的願望或預想一定能夠實現的心態。它建立在現實基礎上，是足夠的準備、高超的見識、卓越的能力的體現。這種由知識、見識和能力所形成的信心，能清楚地預知事情的必然發展趨勢，並將你引向成功之途。

信心是成功的第一祕訣。創造財富、成就事業並非某一個特殊人才的專利。只要在潛意識中具有「我一定能夠」、「我肯定行」、「我需要」這類觀點的人，即使看起來是庸俗的人，也會因此激發出超常的智慧與力量，從而獲得意想不到的成功。相反，如果缺乏這種信心，那麼財富和事業就會與你無緣。

美國史丹佛大學著名心理學家推孟等人曾對 1,500 名超常兒童進行了一次長達 50 年的追蹤研究，結果發現：在最成功與最不成功的兩類人之間差別最大的人格因素是堅持力、自信力、克服自卑的能力和責任心。有國外統計表明，在有作為的科學

家、發明家中，小時候智力特別突出的只占了 5%，而表現一般的占 95%。統計分析指出：堅強的自信心和明確而強烈的創造動機使他們變得意志堅強，忍耐常人難以忍受的痛苦仍心懷神聖而樂觀的情感去創造成功。

拿破崙身材矮小，可是他卻曾做出稱霸歐洲的壯舉；邱吉爾雖有口吃，卻掩蓋不住他身為首相、作為第二次世界大戰盟軍一方最高指揮官之一的豪邁與英氣。

我們感慨貝多芬耳聾後仍譜寫出世代流傳的《英雄交響曲》和《第九號交響曲》；我們讚美奧斯特洛夫斯基戰勝癱瘓和雙目失明後為後代留下《鋼鐵是怎樣煉成的》這一不朽力作；我們謳歌海倫·凱勒蔑視不幸和自強不息的勇氣。

古希臘哲學家蘇格拉底忠告我們：

對於長期以來形成的思想方法和生活方式，在接受他們之前先重新思考，這是一個成熟的必備品格。成功者勇於向那些權威偶像、那些僵化的教條提出疑問。他們創造性的想像力和勇氣給了他們自由，可以無所畏懼地開創新路，使自己達到更高的層次，而不受那些師長和朋友所盲目遵從的規範的束縛。

如果你使用的方法不能奏效，那就改用另一種方法。如果新的方法還是行不通，那麼再換另外一個方法，直到你找到解決眼前問題的鑰匙為止。任何問題總有一個解決的鑰匙，只要繼續不斷地去尋找，你最終會找到這把鑰匙。

1893 年之後，被稱為「新工業之父」的亨利·福特決定製

造某種 V8 型汽車。他要求工程師們在一個引擎上鑄造 8 個完整的汽缸。工程師們聽了都搖頭說：「這不可能。」福特命令道：「誰不想做，就走人！」工程師們誰也不願意失業，只好照著亨利·福特的命令去做。因為他們認為這原本就是一件不可能的事情，所以誰都沒有盡全力去做。6 個月過去了，研究毫無進展。福特決定另外挑選幾個對研發 V8 型汽車有信心的人去完成。他堅信人一旦有了穩操勝券的心理，就有了希望。新挑選的幾個工程師經過反覆研究，終於找到了製造 V8 型汽車的關鍵竅門。

是什麼使 V8 型汽車從無到有？是什麼令這「不可能」的計畫奇蹟般成功了呢？這就是意識和潛意識的無形力量在發揮著作用。意識雖然是很小很小的「已知能量」，而潛意識卻是大腦細胞內隱藏著的很大很大的潛能。福特就是用這小小的已知力量，開發出了那無窮無盡的大腦潛能。

可以說，意識和潛意識在很大程度上操縱著一個人事業的失敗。

自信的意識是成功的首要前提，擁有自信，你將會成功一半。

自信的意識是一種巨大的力量，它給我們的行動以指導。

如果連你自己都不能相信，別人的鼓勵又能產生什麼作用？

別人的想法永遠不能完全代表自己，你也絕對有權利去決定你要不要接受別人的意見或是要不要受別人的影響。

　　我們說要自立自信、自尊自愛，但這不是要一味固執地相信自己，盲目行動。固執和盲目只會讓我們在失敗的泥潭中越陷越深。因此，除了自勵，從我們內心汲取力量，還要鼓勵我們的頭腦，進行思考，進行檢討，找出失敗的原因。

　　當我們在工作上、生活上遭到失敗時，不要絕望，而應鼓勵自己：別灰心，下次再來！如果下次取得了成功，對於這次的失敗，不正是一種補償嗎？當然，下次還可能繼續失敗，還有下下次呢！人生沒有徹底的失敗，勇於嘗試，勇於行動，堅定信念，終會以後來的成功補償之前所有的失敗。

14 自信力大作戰，提升你的贏家指數

成功金言

雨果說：「應該相信，自己是生活的戰勝者。」

你自己想做的事，最害怕的是自己缺乏必勝的信心。如果你不想苟且於現在的環境的話，最行之有效的方法是：提升你的自信力。

一個人若只有發達的四肢、健壯的身體，並不算一個完全健康的人。在一個發育良好的身體內，必須同時具有一種正常而良好的心理，這才是我們獲得幸福、取得成功的前提。我們每個人都可能遭受情場失意、官場失意、商場失利等方面的打擊；我們每個人都會經受幸福時的歡暢、順利時的激動、委屈時的苦悶、挫折時的悲觀、選擇時的彷徨。這就是人生。人生就是一碗酸、甜、苦、辣的湯，每種滋味你都有機會品嘗。

信心不足的人數和營養不良的人數一樣的多。信心不足這種「疾病」會使人把自己約束在昨日的生活模式之中，而不敢輕易嘗試突破現狀的努力，過著沒有明天，沒有希望的日子。營養不良，會使人身體無法正常發育；同樣地，信心不足會使

人的能力天性無法得到充分發揮。

　　不同的是，營養不良有藥醫，信心不足必須靠自身努力來醫治，只有靠自己培養對自己能力的肯定與信賴，充實信心來源。

　　你若想在人生裡早一點獲得成就，自信心為必要條件。為什麼呢？理由有二：

　　首先如果有了自信，內心裡的恐懼、不安、孤獨感皆將一掃而空。有信心，頭腦會變得清晰、靈活、更富於創造力。有信心，可為你帶來友誼，使你人緣奇佳。有信心，可以掌握機會，一階一階邁向成功。

　　其次擁有充分的自信，也會在不自覺間感染給別人，使你成為一個富有魅力而又有力量的人。

　　如何才能知道自己的信心是否堅定呢？當你做完以下的測驗，結果便馬上知曉。

- 你是否會對陌生的事情感到害怕。
- 你是否常回憶光榮的過去。
- 你是否常在家裡或其他場合發脾氣。
- 在人前，你是否會十分在意別人的想法，甚至變得膽怯。
- 面對陌生人時，你是否會害羞。
- 你是否害怕失去工作。
- 和主管交談時，你是否感到局促不安。
- 你是否害怕找不到工作。

　　以上答案中只要有一處是肯定的，就表示你的自信正亮起黃燈。你必須立即替自己謀求更高更堅強的自信。

　　你若想在自己內心建立信心，就應該像清掃街道一般，首先要先將相當於街道上最陰濕黑暗之角落的自卑感清除乾淨，然後再種植信心，並加以鞏固。

15 自信是成功的催化劑

成功金言

愛因斯坦說：「百折不撓的信念所支持的人的意志，使那些似乎是無敵的物質力量有更強大的威力。」

家庭和童年對一個人信心的培養是很重要的。童年時代受人喜愛的孩子，從小就感覺到自己的善良、聰明，因此才獲得別人的喜愛。於是他就盡力使自己的行為名副其實，造就自己成為他自信的那樣的人。而那些不得寵的孩子呢？人們總是訓斥他們：「你是個笨蛋、窩囊廢、懶鬼，是個遊手好閒的東西！」於是他們就真的養成了這些惡劣的品格，因為人的品行基本上是取決於自信的。

我們每個人心目中都有各自為人的標準，我們常常把自己的行為同這個標準進行對照，並據此去指導自己的行動。因此，我們要讓某個人變好，就應該對他少一點斥責，要幫助他提高自信力，修正他心目中的做人標準。如果我們想進行自我改造，進行某方面的修養，我們就應該要先改變對自己的看法。不然，我們自我改造的全部努力就會落空。對於人的改

造，只能影響其內心世界，外在因素只有透過內在因素才能起作用。這是人類心理的一條基本規律。

阪本堡之介先生是日本能力開發研究所所長，但在中學一年級以前，他一直被認為是腦袋不好的學生，在一年級的 500 名學生中，他名列第 470 名。國中二年級後，他逐漸追趕了上來，進入了前 10 名。為什麼在短時間內他能取得這麼大的成績？他在總結中感慨道，是他父親的幫助和鼓勵使他克服了自卑感，樹立了自信心。他父親經常對他說：「你無論是做什麼，都做得非常出色，這就證明你頭腦比一般人好；下圍棋或下象棋的規則，我一教你，你馬上能學會。如果把這種精神用在課業上，成績一定會進步的。」這樣，他逐漸克服了自己的自卑，刻苦努力，終於成為了著名學者。

自信心是人生重要的精神支柱，是成功的基石。每個人在不同程度上都有自卑感，如果我們採取直接、實際的方法改進自身所處的環境，就能使我們擺脫這種感覺。

美國有一個外科美容醫生，他以擅長做臉部整形手術馳名遐邇。他創造了許多奇蹟，透過整形把許多醜陋的人變成漂亮的人。他發現，某些接受手術的人，雖然為他們做的整形手術很成功，但仍找他抱怨，說他們在手術後還是不漂亮，說手術沒什麼成效，他們自感面貌依舊。

於是，醫生領悟到這樣一個道理：美與醜，並不僅僅在於一個人的本來面貌如何，還在於他是如何看待自己的。

　　一個人如果自慚形穢，那他就不會成為一個美人，同樣，如果他覺得自己不聰明，那他就成不了聰明人，他不覺得自己心地善良 —— 即使在心底隱隱地有此感覺，那他也就成不了善良的人。

　　一個人只要有自信，那麼他就能成為他希望成為的那種人。

第二章

不是我很盧，我只是有毅力

那些經得起挫折考驗的人，會因為毅力而獲得豐富的報酬，他們可以得到任何他們所求的目標作為補償。同時，他們還領悟到比物質報酬更重要的一個事實，就是「每次失敗，皆攜帶著一顆相等利益的種子」。

16 你其實沒有想像中軟弱

成功金言

安格爾說：「*所有堅忍不拔的努力遲早會取得報酬的。*」

在諸多不幸的面前，有沒有堅強剛毅的性格，在某種意義上說，也是區別偉人與庸人的標誌之一。

巴爾扎克說：「苦難對於天才是一塊墊腳石，對於能幹的人是一筆財富，而對於庸人卻是一個萬丈深淵。」有的人在厄運和不幸面前，不屈服，不後退，不動搖，頑強地同命運抗爭，在重重困難中衝出一條通向勝利的路，成了征服困難的英雄，掌握自己命運的主人。而有的人在生活的挫折和打擊面前，垂頭喪氣，自暴自棄，喪失了繼續前進的勇氣和信心，於是成了庸人和懦夫。

沙莉·拉斐爾和羅奈爾得·皮爾的事蹟堪稱因堅持不懈而成功的經典。

電臺廣播員沙莉·拉斐爾在她的 30 年職業生涯中，曾經被辭退 18 次，可是每次事後她都放眼更高處，確立更遠大的目

標。現在沙莉·拉斐爾已經成為自辦電視節目的主持人，曾經兩度獲獎，在美國、加拿大和英國每天都有 800 萬觀眾收看這個節目。她說：「我遭人辭退了 18 次，本來很有可能被這些遭遇所嚇退，做不成我想做的事情，結果相反，我讓挫折鞭策我勇往直前。」

培根說：「好的運氣令人羨慕，而戰勝厄運則更令人驚嘆。」

生活中，人們對於那些衝破困難和阻力、受過重大挫折和打擊而堅持到底的人，其敬佩程度是遠在生活的幸運兒之上的。征服的困難愈大，取得的成就就愈不容易，就愈能說明你是真正的英雄。當接連不斷的失敗使愛迪生的助手們幾乎完全失去發明電燈的熱情時，愛迪生卻靠著堅忍不拔的意志，排除了來自各個方面的精神壓力，經過無數次實驗，電燈終於為人類帶來了光明。在這裡，愛迪生的超人之處，正在於他對挫折和失敗表現出了超人的頑強剛毅精神。

一個人能在任何情況下都勇敢地面對人生，無論遭遇到什麼，依然保持生活的勇氣，保持不屈的奮鬥精神，他就是生活中的強者，一個真正剛強的人。

沒有天生剛毅的人。我們不要神化強者，以為自己成不了那種鋼鐵般堅強的人。其實，普通人所有的憂鬱、顧慮、擔憂、失望、動搖等等，在一個強者的內心世界也都可能出現。

伽利略屈服過，哥白尼動搖過，奧斯特洛夫斯基想到過自殺，但這並不排除他們是堅強剛毅的人。剛毅的性格和懦弱的

第二章
不是我很盧，我只是有毅力

性格之間並沒有千里鴻溝，剛毅的人不是沒有軟弱，只是他們能夠戰勝自己的軟弱。只要加強鍛鍊，從多方面對軟弱進行鬥爭，那就可能成為堅強剛毅的人。

如果你想培養自己承受苦難和不幸的能力，你可以在自己的生活中採用下列技巧：

· 下定決心堅持到底。

局面越是棘手，越要努力嘗試。太早地放棄努力，只會增加你的麻煩。面臨嚴重的挫折，只有堅持下去，加倍努力和增快前進的步伐，下定決心堅持到底，並一直堅持到把事情辦成。

· 做出最大的努力。

不要畏縮不前，要使出自己全部的力量來，不要擔心把精力用盡。成功者總是做出極大的努力，而面對危機時，他們卻能做出更大的努力。

· 不要試圖一下子解決所有的問題。

當經歷了一次嚴重的危機或像親人去世這樣的嚴重事件後，在你的情緒完全恢復以前，要滿足於每次只邁出一小步。不要企圖當個超人，一下子就解決自己所有的問題。要挑一件力所能及的事，就做這麼一件。而每一次對成功的體驗都會增強你的力量和積極的觀念。

· 堅持自己的立場。

撐住家人和朋友的壓力，採取你所堅信的觀點，堅持自己的立場。是對是錯，現在就該相信你自己的判斷力和智慧了。

古羅馬哲學家塞尼加有句名言：「真正的偉人，是像神一樣無所畏懼的凡人。」誰能以不屈的精神對待生活中的不幸，誰就能最終克服不幸。在不幸事件面前愈是堅強，愈能減輕不幸事件對你的打擊。

17 堅強者，永不絕望是他的座右銘

成功金言

> 莎士比亞說：「明智的人決不坐下來為失敗而哀號，他們一定樂觀地尋找辦法來加以挽救。」

人生之路，大多是坎坷曲折多於一帆風順。所以，要讓自己不成為「經常的失敗者」，就要善於挖掘、利用自身的「資源」。雖然有時個體不能改變「環境」的「安排」，但誰也無法剝奪其作為「自我主人」的權利。

此外，作為一個現代人，應具有迎接失敗的心理準備。世界充滿了成功的機遇，也充滿了失敗的可能。所以要不斷提高自我應付挫折與干擾的能力，調整自己，增強社會適應力，堅信失敗乃成功之母。

面對挫折和失敗，唯有樂觀積極的心態，才是正確的選擇。

· 做到堅忍不拔，不因挫折而放棄追求；
· 注意調整、降低原來脫離實際的「目標」，及時改變策略；
· 用「局部成功」來激勵自己。

應該說，當今社會已經大大增加了這方面的發展機遇，只

要勇於嘗試，勇於打拚，是一定會有所作為的。

在福特汽車公司工作已 32 年，當了 8 年總經理，一帆風順的艾柯卡突然間被怒火中燒的大老闆亨利‧福特開除而失業了。艾柯卡痛不欲生，他開始喝酒，對自己失去了信心，認為自己要徹底崩潰了。

就在這時，艾柯卡接受了一個新挑戰：應聘到瀕臨破產的克萊斯勒汽車公司出任總經理。憑著他的智慧、膽識和魅力，艾柯卡大刀闊斧地對克萊斯勒進行了整頓、改革，並向政府求援，舌戰國會議員，取得了巨額貸款，重振企業雄風。在艾柯卡的領導下，克萊斯勒公司在最黑暗的日子裡推出了 K 型車的計畫，此計畫的成功令克萊斯勒起死回生，成為僅次於通用汽車公司、福特汽車公司的第三大汽車公司。

1983 年 7 月 13 日，艾柯卡把面額高達 8.13 億美元的支票交到銀行代表手裡，至此，克萊斯勒還清了所有債務，而恰恰是 5 年前的這一天，亨利‧福特開除了他。事後，艾柯卡深有感觸地說：「奮力向前，哪怕時運不濟；永不絕望，哪怕天崩地裂。」

羅曼‧羅蘭說：「痛苦像一把犁，它一面鑿破了你的心，一面掘開了生命的新起源。」不經歷苦痛，怎能體會到成功的快樂？

18 一定時間內莫忘「恆」心

成功金言

卡內基說：「把你所有的蛋放在一個籃子裡，然後看住這個籃子，不要讓任何一個蛋掉出來。」

卡內基的這句話告訴我們，必須認真地根據自己的情況，確定自己的奮鬥目標，並且一旦確定就要堅持不懈，直至成功，而不可朝三暮四，什麼都想撈，那樣下去你很可能什麼都得不到。

每個人的精力是有限的，只有把有限的精力集中到一件事情上，才能把這件事情做好。

零售商伍爾沃斯的目標就是要在全國各地設立一連串的「廉價連鎖商店」，他把全部精力都花在這項工作上，最後他終於完成了此項目標，並獲得了成功。

李特頓在聽過一次演講後，內心充滿了成為一名偉大的律師的願望，他把一切心力專注於這項目標，結果成為美國最成功的律師之一。

史塔勒專心於經營「親切服務的旅館」，使他成為富翁，也使得住進他旅館的幾百萬房客滿意而歸。

陳景潤專心於哥德巴赫猜想，結果最終成為傑出的數學家。

以上，不難看出，所有成功的人物，都是把某種明確而特定的目標當作他們努力的主要推動力，如果他們當初什麼都想試一試，那麼他們肯定得不到他們已經取得的成就。

這個世界上有一把神奇的鑰匙，擁有它就擁有了神奇的力量，就可以打開通往財富的大門。

卡內基、洛克斐勒、哈里曼、摩根等人都是在使用這種神奇的力量之後，成為了大富翁。

你會問：「這把『神奇鑰匙』是什麼？」

對此，拿破崙·希爾給予了我們十分準確的回答，那就是：「專心」。

所謂「專心」，就是把意識集中在某個特定的欲望上的行為，並要一直集中到已經找出實現這項欲望的方法，而且成功地將其付諸實際行動為止。

成功，來自於在一定時間階段內的「專一不二」。有人將此形容為「聚焦」，聚焦的能量足以使金屬熔化。每個人對自己的處境都會深有體會：一方面感到要做的工作和應該做的工作太多，永遠有做不完的事；一方面感到時間太少，時間總是一晃而過，無論如何時間總是不夠用。工作何其多，時間何其少，怎麼辦？唯有專心致志在一件事情上，才能快速地做出成效。

創造需要專心，道理好懂，但做起來卻很難。其原因為：一是缺乏頭腦，為複雜的環境所干擾，被環境所支配；二是缺

乏訓練，不能專心於一事。專心是一種能力，不是人人都有這種能力的，有這種能力的人也有強弱之分。

　　能力需要透過鍛鍊和訓練獲得。心理學上對精神和注意力集中有一定的訓練方法，但這是指較短時間（例如數分鐘或幾個小時）的精神集中，比如注意聽別人談話等。我們這裡所說的專心是指一段時間內（數天、數週，甚至更多）集中精力做一件事。

　　對此，主要靠自己在工作實踐中訓練，例如強迫自己的意志集中，養成一抓到底的工作習慣，並學會在複雜環境中集中精力處理一些重大問題。

　　一旦養成了專心致志的品格之後，相信對你來說，成功就只是時間的問題了。

19 成就要靠恆心解鎖

成功金言

拿破崙·希爾說:「奮力前進,世界上沒有什麼可以取代堅持。才幹不行,有才幹的人不能獲得成功的事司空見慣;天賦不行,沒有得到回報的天賦幾乎只能成為笑柄;教育不行,世界上到處都是受過教育卻被社會拋棄的人。只有堅持和決斷才是全能的。」

生活中有許多人做事最初都能保證旺盛的鬥志,在這個階段普通人與傑出的人是沒有多少差別的。

然而往往到最後一刻,頑強者與懈怠者便各自顯示出來了。前者咬牙堅持到勝利,後者則喪失信心放棄了努力,於是便得到了不同的結局。

有一位胖太太,天天她都說要減肥。但是,吃的時候,份量比別人多;睡眠時間又比別人長;叫她做些家事,她說太辛苦;提醒她應該去運動,她又嫌累;邀她一起到公園慢跑,她又怕太陽晒,還怕流汗。

有一天,她站在體重計上,低頭看見體重計指標停在 75 公斤,大吃一驚。

第二章
不是我很盧，我只是有毅力

她終於狠下心，一整天只吃一點點東西，油鹽甜膩都不入口。然後，馬上到體育用品店去，購買了全套的運動衣褲還有鞋襪，接著立刻拚命地又跑又跳。從第二天開始，她開始施行少吃多運動的生活方式。

她的朋友們都以為這一次她肯定是減肥成功了。因為第三天，她仍然滿懷熱情地進行著她的計畫。

一個星期後，她充滿信心地站在了那個讓她一看便心跳加劇的體重計上，當她發現指標仍然固執地指著 75 公斤時，她像充滿了氫氣的氣球被刺穿一個小針孔般，很快地軟塌下來了。

失望透頂的她於是就放棄減肥了。她認定自己再也沒有希望恢復未婚前的苗條了。自第八天開始，對減肥絕望的她恢復以前的生活方式，大吃大喝、晚睡晚起，運動衣褲就收到了衣櫃深處。

類似這位太太一暴十寒的作法，不要說減肥，無論是進行任何事，都不會有成功的一天。不是說方法不對，而是行事的態度出了差錯。

一個人把時間花在什麼地方，就會在那裡看到成績。這是非常簡單卻又實在的道理。但是，三天打魚，兩天曬網是不行的。唯有恆心，才會讓人看見成就。

許多失敗者的悲劇，就在於被前進道路上的迷霧遮住了眼睛，他們不懂得忍耐一下，不懂得再跨前一步就會豁然開朗，結果在勝利到來之前的那一刻，自己打敗了自己，因而也就失去了應有的榮譽。

其實，一個人做一點事並不難，難的是能夠持之以恆地做下去，直到最後成功。

許多人做什麼事，起初都能夠付諸行動，但是，隨著時間的推移，難度的增加以及力氣的耗費，大多數人便從思想上開始產生鬆勁和畏難情緒，接著便停滯變遷以致退避三舍，最後放棄了努力。這是那些失敗的人的通病。

人之所以在做什麼事時常常會淺嘗輒止、半途而廢，主要原因是人天生就有一種難以擺脫的惰性。當他在前進的道路上遇到障礙和挫折時，便會灰心喪氣和畏縮不前。

這樣的例子屢見不鮮。比如馬拉松長跑，最初參加競賽的人成百上千，但是跑出一段路程之後，參賽的人便漸漸少起來。原因是堅持不下去的人，逐漸自我淘汰了，而且越到後面人越少，全程都跑完能夠衝刺的人更少，獎牌實際上就是在這些堅持到最後的人當中產生的。

馬拉松競賽，與其說是拼速度，不如說是拼耐力，也就是看誰堅持到最後。

做任何事都和賽跑一樣，成功與失敗往往只是一步或半步之差，因而起決定作用的只是最後那一瞬間。誰在最後爆發出巨大的潛力，誰就是勝利者，最後的努力是決定命運的努力。

平庸的人和傑出的人，其不同之處就是看能不能堅持。堅持下去就是勝利，半途而廢則前功盡棄。

20 恆心＋毅力，成功已向你招手

成功金言

　　伽力仙說：「金是從火中鍛鍊出來，人是從憂患中磨練出來。」

　　磨練是築成所有財富與成功的基礎，缺乏磨練將不可避免地會導致失敗。

　　但事實上是許多人都沒有把失敗同缺少磨練連繫起來。大多數人將失敗看成是驚天動地的了不得的大事。

　　然而，差錯往往是事出有因的。失敗很少是由那些孤立無關的事件造成的。可以說，它是那些缺乏磨練而導致小障礙，積少成多最終釀成大禍的必然結果。

　　每當經歷失敗時，往往是因為今天我們沒考慮到什麼，今天我們未能處理好什麼，今天我們不夠精心，沒有虛心學習，或者未能堅持……

　　每當我們發現自己又虛度了一天，總會認為沒有什麼大不了的，畢竟只不過是一天而已。然而，一天一天地累積成一生，危險就這樣不知不覺地降臨在我們頭上。也許你現在會發

現，正是那些你平時認為不起眼的小錯誤一次又一次地將你的生命引入歧途。

反過來說，財富的取得也是遵循著完全相同的模式。假如預計打 10 通電話，而你超過定額，打了 15 通，那麼你今天就多打了 5 通電話。同樣，按相同的方式執行擬訂儲蓄計畫，不言而喻，你會看到你整年的，繼而在一生中辛勤累積起來的收益。

磨練是開啟財富的關鍵。它是打開財富與幸福、文化與修養、自我價值與取得成就之大門的鑰匙。它會給你帶來自豪與欣慰，使你充滿成功的喜悅。

有些人會認為磨練是人為的，不是什麼普遍存在的現象。在他們看來，完成磨練是一種神經質的行為，是刻意地刁難自己。然而事實表明，磨練是一件很普通、很自然的事，任何事物的繁榮昌盛都是透過磨練而實現的。

樹如何生長？它必須克服強大的地球引力的作用，將樹幹伸向有陽光的地方才能夠維持生命。不錯，大樹的這種生長並不是一種有意識的行為，因為樹沒有大腦。但是我們都有大腦，可以有意識地去奮鬥和努力，實現自己的理想和目標。

可以說，所謂的成功機遇就誕生在磨練之中，機遇總是看上那些有高超技能、有抱負的人。只有透過磨練和努力，眼光遠大的人才會抓住機遇，而膽小畏縮的懦夫卻什麼機遇也沒有。

磨練是創造智慧的思想和行為的唯一途徑。它使人們修身

養性、謙虛謹慎；它會激發積極的行為，消滅消極的想法；它會使我們獲得成功，遠離失敗。

無論是誰都可以進行磨練。你可以慢慢來，一步一個臺階地進行磨練。磨練主要是培養你戰勝挫折和堅持到底的毅力。

在將願望轉變為財富的過程中，毅力是一個不可缺少的因素。當毅力和願望結合的時候，它們無堅不摧。有時有錢人會被誤認為冷血或無情，事實上他們是具有堅強意志的人，他們能在自己願望的激勵下，實現自己的目標。

凡是經得起考驗的人，都會因為他們的毅力而獲得豐厚的報酬。他們將能實現自己所追求的任何目標，並獲得比物質更為重要的東西——從每次失敗中所得到的經驗與教訓。

只有少數人能從經驗中理解堅忍不拔精神的真正內涵。這些人承認失敗只是一時的，他們依靠持久的願望而使失敗轉化為勝利。我們站在人生的軌道上，目擊絕大多數的人在失敗中倒下去，永遠不能再爬起來。對此，我們只能總結說，一個人沒有毅力，那他在任何一行中都不會獲得成就。

毅力是一種心理狀態，它是能夠培養的。像其他各種心理狀態一樣，毅力需要有各種因素為基礎。這些因素包括：

- 明確的目標。知道自己所希望的是什麼，是培養毅力的第一步，也許是重要的一步。一種強烈的目標動機可以促使人們克服許多困難。
- 願望。如果願望強烈，得到和保持毅力就比較容易。

- 自勵。相信自己有能力實現這個計畫，並激勵自己克服實現計畫中的任何困難。
- 明確的計畫。有組織的計畫可激發毅力，即使這些計畫是有缺陷的，不完善的。
- 確實地落實計畫。要細緻地觀察與分析，而不要以猜測來代替。
- 合作精神。互相之間達成諒解與和諧的合作，可以培養毅力。
- 意志。將自己的思想集中到明確的計畫上，也可以產生毅力。
- 習慣。毅力是習慣的結果。比如對於恐懼，我們就可以憑藉強制地反覆實行的勇敢行為來克服。

意志的堅韌，能發出神奇的功效。不後退，不放棄，就一定能夠所向無敵。

在別人都已經停止前進時，你要繼續做下去，別人都已經放棄希望時，你仍繼續，這是需要相當大的勇氣的。但也正是這份勇氣，使你得到比別人更高的位置，更多的金錢。

韌性與行動，是許多人成功的關鍵。

21 一蹶不振，就真的沒藥醫

英國化學家大衛說：「絕不可自暴自棄，放開步伐走吧，只要走，自然會發生力量。」

生活中，當我們發現一個人煩悶和焦慮時，可以肯定，這個人在生活中遇到挫折，失敗了。由於某些原因，他覺得自己被理想欺騙了。

而一旦失去了進取心，他的很多才能就會失去作用。夢想的破滅給人帶來的痛苦，真是無法形容。發現自己根本不可能實現心中的夢想，想到在以後的日子裡不能找到一些個人的快樂，想到自己不能幫助自己身邊所愛的人，而又要默默地忍受著那些令人心痛的失望，甚至是絕望，這些都是對人類心靈和意志力的最大考驗。

所以你應該充滿信心，世界上有一項非你莫屬的任務等待著你去完成，沒有人可以取代你，因為每個人都有自己的任務。如果你沒有找到自己的角色，你的人生就是不完美的，一個人只有在感受這種巨大的責任壓力時，才更容易把自己的價

值體現出來。這樣說來，生命也被賦予了新的意義。

一個人的進取心對於社會來說，有著非比尋常的意義，它意味著我們在不斷實現新的目標，我們的理想越來越宏偉，我們對自己和他人也更加充滿信心。進取心的真正意義在於，它讓人沒有在這個世界上白走一回，並能享受到成功所帶來的歡樂。

在那些卓越的成功人士中，很多人不為我們所知。他們是那些出身貧窮，或是身有殘疾，或是飽受困難，但是憑著堅強的意志和頑強的精神勇敢地挑戰生活的人們，他們充分地利用了被賦予的巨大潛能。

美國玫琳·凱化妝品公司的董事長玫琳·凱，在創業之初，她歷經失敗，她承受了巨大的痛苦，也走了不少彎路。然而，她從來不灰心，不洩氣，最後終於成為一名大器晚成的化妝品行業的「皇后」。

1960 年代初期，玫琳·凱已經退休回家，可是過於寂寞的退休生活讓她突然決定冒一次險。經過一番思考，她把積蓄下來的 5,000 美元作為全部資本，創辦了玫琳·凱化妝品公司。

為了支持母親實現「狂熱」的理想，兩個兒子也「大力相助」，一個辭去月薪 480 美元的人壽保險公司代理商的工作，另一個也辭去了休斯頓月薪 750 美元的職務，加入到母親創辦的公司中來，寧願只拿 250 美元的月薪。玫琳·凱知道，這是背水一戰，是在進行一次人生中的大冒險，弄不好，不僅自己一輩

子辛辛苦苦的積蓄將血本無歸，而且還可能葬送兩個兒子的美好前程。

在創建公司後的第一次展銷會上，她隆重地推出了一系列功效奇特的護膚品，按照原來的想法，這次活動會引起轟動，一舉成功。可是，「人算不如天算」，整個展銷會下來，她的公司只賣出去 15 美元的護膚品。

意想不到的殘酷失敗使她控制不住失聲痛哭……

她經過認真的分析，終於悟出了一點：在展銷會上，她的公司從來沒有主動請別人來訂貨，也沒有對外發訂單，而只是希望女人們自己上門來買東西……

玫琳‧凱並沒有被失敗擊倒，她從第一次失敗中站了起來，在抓生產管理的同時，加強了銷售隊伍的建設。

經過 20 年的苦心經營，玫琳‧凱化妝品公司由初創時的職員 9 人發展到 5,000 多人；由一個家庭公司發展成為一個國際性的公司，擁有一支 20 萬人的推銷隊伍，年銷售額超過 3 億美元。玫琳‧凱終於實現了自己的夢想。

任何人都可能失敗，很多人失敗了就「偃旗息鼓」，被嚇破了膽子，這是真正的失敗；可是有的人失敗了，但又不斷地做下去，最後成功了。

我們應該有一個很明確的觀點：

即使是最困難的事，只要自己有適當的準備，用心尋求解決之道，就一定可以找到解決問題的辦法。解決困難的方式是

多種多樣的，其中最重要的就是認清事情的真相，冷靜思考引起困難的原因，也就是出現困難的時候很快察覺，這是非常重要的。

人們都在不斷地說，誰如何成功，就是很少去研究成功者的失敗，把成功者當成是天生的。其實，任何人都是一樣的，就看你是不是能夠多堅持一下。

22 燃燒吧進取心！眾人中脫穎而出

成功金言

羅斯福說：「人經過努力改變世界，這種努力可以使人類達到新的、更美好的境界。」

拿破崙·希爾是一位著名的成功學大師，他曾經聘用了一位年輕的小姐當助手，替他拆閱、分類以及回覆他的大部分私人信件。當時，她的工作是聽拿破崙·希爾口述，記錄信的內容。她的薪水和其他從事類似工作的人大致相同。有一天，拿破崙·希爾口述了下面這句格言，並要求她用打字機把它打下來：

「記住：你唯一的限制就是你自己腦海中所設立的那個障礙。」

當她把打好的資料交還給拿破崙·希爾時，她說：「你的格言使我獲得了一個想法，對你、我都很有價值。」

這件事並沒有在拿破崙·希爾腦中留下特別深刻的印象，但從那天起，拿破崙·希爾可以看得出來，這件事在她腦中留下了極為深刻的印象。她開始在用完晚餐後回到辦公室來，並且做的不是她分內而且也沒有報酬的工作，並開始把寫好的回信送

到拿破崙‧希爾的辦公室來。

　　她已經研究過拿破崙‧希爾的風格，因此，這些信回覆得跟拿破崙‧希爾自己所能寫的完全一樣好，有時甚至更好。她一直保持著這個習慣，直到拿破崙‧希爾的私人祕書辭職為止。當拿破崙‧希爾開始找人來填補這位男祕書的空缺時，他很自然地想到這位小姐。在拿破崙‧希爾還未正式給她這個職位之前，她已經主動地承擔了這個職位的任務。由於她在下班以後，以及沒有領加班費的情況下，對自己多加訓練，終於使自己有資格出任拿破崙‧希爾屬下工作中最好的一個職位。

　　實際情況還尚不只如此。這位年輕小姐的辦事效率太高了，所以引起其他人的注意，開始提供很好的職位請她擔任。拿破崙‧希爾已經多次提高她的薪水，她的薪水現在已是她當初來拿破崙‧希爾這兒當一名普通速記員薪水的四倍。因為她讓自己變得對拿破崙‧希爾極有價值，因此，拿破崙‧希爾不能失去她做自己的助手。

　　這就是進取心。正是這位年輕的小姐的進取心，讓她脫穎而出，可謂名利雙收。

　　拿破崙‧希爾告訴我們：

　　進取心是一種極為難得的美德，它能驅使一個人在不被吩咐應該去做什麼事之前，就能主動地去做應該做的事。

　　胡巴特對「進取心」作了如下的說明：

　　「這個世界願對一件事情贈予大獎，包括金錢與榮譽，那就

是『進取心』。

「什麼是進取心？ 我告訴你，那就是主動去做應該做的事情。」

「僅次於主動去做應該做的事情的，就是當有人告訴你怎麼做時，才立刻去做。」

「更次等的人，只在被別人從後面踢時，才會去做他應該做的事。這種人大半輩子都在辛苦工作，卻又抱怨運氣不佳。」

「最後還有更糟的一種人，這種人根本不會去做他應該做的事。即使有人跑過來向他示範怎麼做，並留下來陪著他做，他也不會去做。他大部分時間都在失業中。因此，容易被人輕視，除非他有位有錢的老爸。但如果是這個情形，命運之神也會拿著一根大木棍躲在街頭轉角處，耐心地等待著。」

你屬於上面的哪一種人呢？ 如果你想成為一個不斷進取的人，就要把拖延的習慣從你的個性中除掉，否則你將很難取得任何成就。

23 懂得「守」，成功就在左右

成功金言

史達林說：「對於一件事情只要已經開始做了，就一定要做到底，哪怕這件事情並不怎樣大。」

對事業要保持恆心和毅力，抱一而守終，死心塌地。

如果對事業有一種朝秦暮楚的思想觀念，或者是時做時輟的狀態，這樣便是一個不可救藥的死症。所以，孟子說：「一日的曝晒，又以十天的冰凍，沒有能生成的事物。」

另外，也不能苛求速達，古語說：「欲速則不達。」又說：「進度快退縮也得快。」《孟子》中有一個「揠苗助長」的寓言說：宋國有個人，認為他家的禾苗生長得太慢了，於是他就在地裡一棵一棵地把禾苗拔高，還自認為這樣是幫助他們生長。然後一副得意的樣子回到家中，對他的兒子說：「我今天累壞了，我幫助禾苗長高了。」他的兒子跑到地裡一看，禾苗都枯死了。

因此說，我們要養成一種做事業的恆心，首先要培養自己一種對事業的熱愛，然後再培養一種不求速達的心理狀態，穩紮穩打，循序漸進。

第二章
不是我很盧，我只是有毅力

想求速達，就難以滿足妄想的急切心情，就難以把事情辦扎實。達不到心理上的要求，就容易灰心喪氣。灰心喪氣就會感到前途渺茫，就容易輟業或者改業，也就難得有恆心下。沒有恆心事業就難成，想速達也不會達到。所以說，時間想它快而功力不想它快，功力想它快而效果不想它快。早熟便是小材，大器必然晚成，累積的豐厚，成就便大。日積月累，堅持不懈，就會年年精進，這就要靠君子的恆持之心。

孔子說：「善人我沒有看到過，只見到有恆心的人，這就可以了；把沒有當成有，把虛充當為盈，難得有恆心了。」「恆心大，沒有錯處，利益堅定，同時利也就到了。」

所以說，成功的要點就是：

把全部的精力集中在一點上，不懈怠，不躁進，就是千古以來無數風流人物成功的一個要訣。

無論是做大事業還是做小事情，都要集中精神在一點上。這樣，小事情也可以變成大事情。

24 專注成就圓滿，一步步走向成功

成功金言

　　羅丹說：「要有耐心！不要只依靠靈感。藝術家的優良品格，無非是智慧、專心、真摯、意志。」

　　自古以來，人不能在同一時間內，既能抬頭望天又可以俯首看地，左手畫方，右手畫圓。所以說不能專心致志，便一事無成。

　　拿破崙曾經說過：「讓我失敗的人是自己，而不是別人，我一生最大的敵人也是自己，我是製造自己無數不幸的工程師，我要包攬自己的事情太多了。」

　　確實如此。俗語說：「你要想把天下的榮譽捉盡，結果一隻也會捉不到。」

　　因此，清代書法家黃石說：「最大的悲傷莫過於精神分散。」我們應該懂得，不是聚焦的陽光，是不能起燃燒作用的。

　　一山一石，一花一鳥或片言隻語，都能從裡面看出生命來，看出精神來，看出人品來。雖然相隔萬代，仍然可以想像作者的為人，這些都是精神專一的功夫。

從雲谷和孟子的言論中可以看出，有很玄妙的至理在裡面。道家做功夫時，強調凝神守一，不這樣又怎麼能出神入化？以書法繪畫而言，書畫中最精美而能稱為神奇的珍品，沒有不是盡力於專注凝神的功夫。

凝神達到了最高境界，不但心思全放在上面，神在物在，並且沒有心與物的分別，無神無物的感覺。

清代書法家何紹基自述他的書法心得時說：「氣息跟著而來貫集在指頂，伸曲進退靈活自如。」「外緣既輕而內部自重，志氣不專一不是英雄。」

晉代書法家王羲之寫字也是全神貫注，當他在寫字時，一神不分，一氣不弛，心中只是寫字，不見外物存在，也不知道天地存在，於是神氣貫通，性情貫通，下筆有神。所以他的字被認為是萬世神品，人稱書聖，千古莫及。

所以從古到今，凡是藝術上從人微言輕達到上乘境界的人，沒有一個不是貫注著自己一生的精力與全部靈魂在裡面。這種凝神專一的境界，就是一片方圓天地。

25 堅毅是成功的佐料，雖不起眼卻不能少

成功金言

羅曼·羅蘭說：「沒有偉大的品格，就沒有偉大的人，甚至也沒有偉大的藝術家，偉大的行動者。」

當你輕言放棄時，失敗是確定無疑的。因為成功僅僅只是堅持工作，為之努力並相信一直在做的事情。

古希臘著名演說家德摩西尼，曾有口吃的毛病，以至於他非常害羞，孤獨沉默。他的父親留給他一筆財產，本來可以使他成為富人。可是按照希臘的法律，在宣稱這筆財產屬於他之前，他必須在公開的辯論中確定他的所有權。口吃和害羞使他如此束手無策，他失去了自己的財富。後來，他針對自己性格上的缺陷致力於從前最畏懼的演講，經過一次次的哄堂大笑和一回回堅忍不拔的努力，他不僅克服了口吃的毛病，並且使自己的演講達到了前人無法企及的高度。從一個極端到另一個極端，困難可想而知。的確是這樣：不管你倒下多少次，只要你再一次站起來而不是躺下，你就沒有被擊敗。

第二章
不是我很盧，我只是有毅力

　　德國著名球星齊格講道：

　　當你清楚地意識到你已付出了最大的努力卻仍然沒有成功時，不要輕易放棄。再開始另一次嘗試吧。

　　有個年輕人做石油投機生意，花完了所有的錢，後來他把自己的股份賣給了堅持下去的合夥人。經過長時間的努力工作，合夥人彌補了經濟差額並打出了一口噴油井。這家公司後來成為城市服務機構，就是今天我們所知的 CITGO。那個抽身而退的年輕人，後來改行做服裝生意，卻比他做石油生意時的情形更糟。

　　事實上，他破產了。但他仍然沒有洩氣，後來他進入了政界。這個曾兩度失敗的人，以不屈不撓的精神對待生活，直到他成為美國的總統 —— 他就是哈利·S·楚曼。

　　很多時候，成功就在轉過山頭或角落處，僅僅一步之遙。有時轉過山頭或角落卻要特別的毅力才能做到。一位智者說得好：「如果你有足夠的毅力，你就不需要為爬山而擔心。」

26 別輕言放棄，這世界需要你的堅持

成功金言

莎士比亞說：「千萬人的失敗，失敗在做事不徹底，往往做到離成功還差一步，便終止不做了。」

通往成功的路上坎坷不平，荊棘密布，要相信自己一定能走過坎坷，撥開荊棘，迎來成功的曙光。

大富豪杜克·魯德曼在年輕時被學校開除後，他跑到德克薩斯油田找到了一份工作。隨著經驗的豐富，他憧憬著涉足野外作業，當一名獨立的石油勘探商。

只要手頭一有幾千美元，魯德曼就去租設備，鑽井取油。兩年多內，他打出了 29 口油井，可是全都是枯井。他說：「那才真叫失敗呢！」到了年近 40，魯德曼仍一無所獲。為了提高成功率，他攻讀了地質結構、油層模型以及其他方面的地質學知識。用理論武裝了自己後，他又租了一塊地皮進行第 30 次鑽探，這一次，他的腳下冒出了巨大的油藏。

魯德曼每鑽四口油井就有三口是枯井，現已年過花甲的他，自認為生意場上自己遭受的失敗多過任何人。但他開採出

的石油也源源不斷地為他累積財富。據《福布斯》雜誌估算，其數額為 2.2 億美元。

約翰·克利斯是一位多產的英國小說家，他寫過 564 本書，但在此之前，他被退稿快要 1,000 次；馬格麗特·米契爾在《飄》出版前所收到的退稿，也不少於此數。

個人心理學先驅艾爾費列德·艾德勒說：

「你愈不把失敗當作一回事，失敗愈不能把你怎麼樣，只要能保持個人心態的平衡，成功的可能性也愈大。」

這是個很有力的建議：連失敗都有正面的價值。對此，有人曾經這麼說：在你被失敗擁抱的同時，成功也可能在親吻你。

如果能學會「失敗了沒關係，重要的是從中學到什麼」，我們就會變得更聰明。許多偉人透過歷史領悟到：人應該是成功而非失敗的。如果能確信這一點，我們必然充滿信心，並且了解跌倒並不是什麼可恥的事，而是邁向成功的另一個機會。重要的是能以勇氣、決心和樂觀的心境繼續努力。無數成功的事例告訴我們：只要我們持續地用力敲門，它最後總會開的。

27 一寸一寸，目標漸行漸近

成功金言

　　魯迅說：「即使慢，馳而不息，縱然落後，縱然失敗，但一定可以達到他所嚮往的目標。」

　　也許你不比別人聰明，也許你有某種缺陷，但你卻不一定不如別人成功，只要你多一份堅持，多一份忍耐。

　　「鍥而不捨，金石可鏤，鍥而舍之，朽木難雕。」金石比朽木的硬度高多了，但只要鍥而不捨地鏤刻它，也是可以雕出精美的藝術品來的。成功不也是這樣嗎？

　　有這樣一則寓言：

　　兩隻青蛙在覓食中，不小心掉進了路邊一隻牛奶罐裡。牛奶罐裡還有為數不多的牛奶，但足以讓青蛙們體驗到什麼叫滅頂之災。

　　一隻青蛙想：完了，完了，全完了，這麼高的一隻牛奶罐啊，我是永遠也出不去了。於是，牠很快就沉了下去。

　　另一隻青蛙在看見同伴沉沒於牛奶中時，並沒有一味放任自己沮喪、放棄。而是不斷告誡自己：「上帝給了我堅強的意志

和發達的肌肉，我一定能夠跳出去。」牠時時刻刻都在鼓起勇氣，鼓足力量，一次又一次奮起、跳躍 —— 生命的力量與美展現在它每一次的搏擊與奮鬥裡。

不知過了多久，牠突然發現腳下黏稠的牛奶變得堅實起來。原來，牠的反覆踐踏和跳動，已經把波狀的牛奶變成了一塊乳酪。不懈地奮鬥和掙扎終於換來了自由的那一刻。牠從牛奶罐裡輕盈地跳了出來，重新回到了綠色的池塘裡。而那一隻沉沒的青蛙就那樣留在了那塊乳酪裡，牠做夢都沒有想到會有機會逃離險境。

是堅持還是放棄，結果是有著天壤之別的。

28 笑到最後，笑出贏家的芬芳

成功金言

巴斯德說：「告訴你使我達到目標的奧祕吧。我唯一的力量就是我的堅持精神。」

人類歷史上許多成功者的故事都足以說明這樣一個道理：堅韌是克服貧窮的最好藥方。

秉性堅韌，是成大事立大業者的特徵。這些人能夠獲得巨大的事業成就，他們可以沒有其他卓越品格的輔助，但絕不能沒有堅韌這種性格。從事苦力者不厭惡勞動，整日勞碌者不覺得疲倦，生活困難者不感到志氣沮喪的原因都是由於這些人具有堅韌的品格。

拿破崙出身於窮困的科西嘉沒落貴族家庭，上中學時他父親送他進了一個貴族學校。他的同學都很富有，大肆諷刺他的貧窮。拿破崙非常憤怒，卻一籌莫展，屈服在威勢之下。就這樣他忍受了 5 年的痛苦。但是每一種嘲笑，每一種欺侮，每一種輕視的態度，都使他增加了決心，發誓要做給他們看看，他確實是高於他們的。

第二章
不是我很盧，我只是有毅力

　　他心裡暗暗計劃，決定利用這些沒有頭腦卻傲慢的人作為橋梁，去爭取自己的富有和名譽。

　　當他接受第一次軍事徵召時，必須步行到遙遠的發隆斯去加入部隊。等他到了部隊裡時，看見他的同伴正在用多餘的時間追求女人和賭博。而他的貧困使他失掉了他當時爭取到的職位。於是，他改變方針，用埋頭讀書的方法，去努力和他們競爭。讀書是和呼吸一樣自由的，因為他可以不花錢在圖書館裡借書讀，這讓他得到了很大的收穫。他並不是讀沒有意義的書，也不是特地讀書來消遣自己的煩悶，而是為自己將來的理想做準備。

　　他下定決心要讓全天下的人知道自己的才華。因此，他在選擇圖書時，也就是以這種決心為選擇的範圍。他住在一個既小又悶的房間裡。在這裡，他面無血色，孤寂、沉悶，但是他卻不停地做下去。

　　透過幾年艱苦的用功，他從讀書方面所摘錄抄寫下來的記錄，後來經過印刷出來的就有 400 多頁。他想像自己是一個總司令，將科西嘉島的地圖畫出來，地圖上清楚地指出哪些地方應該布置防範，這是用數學的方法精確地計算出來的。因此，他數學的才能獲得了提高，這讓他第一次有機會表現他能做什麼。

　　長官看見拿破崙的學問很好，便派他在操練場上執行一些工作，這是需要極複雜的計算能力的。他的工作做得很好，於

是他獲得了新的機會，拿破崙開始走上有權勢的道路了。

難道這是天才所造成的奇異改變嗎？抑或是因為他不停地工作而得到的成功呢？他確實聰明，他也確實是肯下功夫，不過還是有一種力量比知識或聰明來得更重要，那就是用堅忍的毅力直面眼前的困難。如果你決心要戰勝困難，那你就要心甘情願地不斷做下去，以達到你的目的。

有這樣一種人，他們不論做什麼都全力以赴，總是有著明確而必須達到的目標，在每次失敗時，他們便笑容可掬地站起來，然後下更大的決心向前邁進。這種人從不知道屈服，從不知道什麼是「最後的失敗」，在他們的詞彙裡面，也找不到「不能」和「不可能」幾個字，任何困難、阻礙都不足以使他們跌倒，任何災禍、不幸都不足以使他們灰心。

任何事情往往都是開頭容易而完成難，所以要估計一個人才能的高低，不能看他所做事情的多寡，而要看他最終完成的成就有多少。如同在賽跑中，裁判並不計算選手在跑道上出發時多麼快，而是計算跑到終點時需要多少時間。

29 半路放棄，只會讓別人更省力

成功金言

英國作家和評論家山繆‧詹森說：「完成偉大的事業不在於體力，而在於堅持不懈的毅力。」

時常聽見有些人哀嘆自己時運不濟，無論做什麼事都不能如願。

事實上，真正失敗的原因是他做任何一件事，只要一遇到挫折就半途而廢。可是繼續接受他那份工作的人，加了一把勁就獲得圓滿的成果。成績是人家的，人們卻早就將你遺忘。

由這裡我們可以明白地看到，並非是這個人運氣差，只是因為他欠缺耐心。

只有少數人能從經驗中得知堅忍不拔精神的正確性。這些人承認失敗只是一時的，他們依靠不衰的願望而使失敗轉化為勝利。我們站在人生的軌道上，看過絕大多數的人在失敗中倒下去，永遠不能再爬起來。對此，我們只能總結說，一個人沒有毅力，那他在任何一行中都不會得到成就。而你做了一半的工作，都會有別人繼續，而最後的成功裡找不到屬於你的榮

響，因為你早已承認了自己的失敗。

　　永不言敗與善於對失敗進行總結是成功者的基本特徵。在成功者的天地裡不存在任何「應急解決辦法」或免費午餐，唯有高度集中和堅持不懈的品格才能克服通往任何目標的路上所遇到的曲折和危機。

　　亨利‧福特說：「失敗能提供你以更聰明的方式獲取再次出發的機會。」

　　其實，偉大的牛頓、愛迪生，尚且還有失敗的時候，何況平凡的你我。況且，從某種意義來說，人沒有失敗，就沒有成功，甚至於個人要是沒有大失敗，就沒有大成功。所以，不要怕失敗，「誰說所有的英雄都是成功的，我們的『英雄』首先收穫的就是眼淚」。失敗對勝利來說是一座有機的橋梁，你要獲得勝利，你不能不知道失敗，不能不經歷失敗，不能不研究失敗，不能不總結失敗。

　　其實，他們之所以現在成功，就是因為以前累積了太多太多的失敗。只是他們不怕失敗，耐心而又細緻地研究失敗的原因，然後，一步一步把它們解決，最後才取得了勝利。

30 你有聽過「挫折橋」嗎？

成功金言

赫胥黎說：「沒有哪一個聰明人會否定痛苦與憂愁的鍛鍊價值。」

相信，有責任感的人都會同意「挫折是一筆可貴的財富」，沒有人會不勞而獲，在走向成功的道路上，你要付出汗水，還要勇敢面對挫折與失敗。從挫折中汲取教訓，它是邁向成功的墊腳石。

當我們觀察成功人士時，會發現他們的背景各不相同。那些大公司的經理、政府的高級官員以及每一行業的知名人士都可能來自清寒家庭、破碎家庭、偏僻的鄉村甚至於貧民窟。這些人現在都是社會上的領導人物，他們都經歷過艱難困苦的階段。

哈佛大學的一位教授講過一件這樣的事：

幾年前，他把畢業班的一個學生的成績打了不及格，這件事對那個學生打擊很大。因為他早已做好畢業後的各種計畫，現在不得不取消，真的很難堪。他只有兩條路可走：第一是重

修，下年度畢業時才能拿到學位。第二是不要學位，一走了之。

在知道自己不及格時，他非常失望，並找這位教授要求通融一下。在知道不能更改後，他大發脾氣，向教授發洩脾氣。這位教授等他平靜下來後，對他說：「你說的大部分都很對，確實有許多知名人物幾乎不知道這一科的內容。你將來很可能不用這門知識就獲得成功，你也可能一輩子都用不到這門課程裡的知識，但是你對這門課的態度卻對你大有影響。」

「你是什麼意思？」這個學生問道。

教授回答說：「我能不能給你一個建議呢？我知道你相當失望，我了解你的感覺，我也不會怪你。但是請你用積極的態度來面對這件事。這一課非常非常重要，如果不由衷培養積極的心態，根本做不成任何事情。請你記住這個教訓，五年以後就會知道，它是使你收穫最大的一個教訓。」

後來這個學生又重修了這門功課，而且成績非常優異。不久，他特地向這位教授致謝，並非常感謝那場爭論。

「這次不及格真的使我受益無窮。」他說，「看起來可能有點奇怪，我甚至慶幸那次沒有通過。因為我經歷了挫折，並嘗到了成功的滋味。」

我們都可以化失敗為勝利。從挫折中汲取教訓，好好利用，就可以對失敗泰然處之。

記住，千萬不要把失敗的責任推給你的命運，要仔細研究失敗的實例。如果你失敗了，那麼繼續學習吧！這可能是你

的修養或火候還不夠好的緣故。世界上有無數人，一輩子渾渾噩噩，庸庸碌碌，他們對自己一直平庸的解釋不外是「運氣不好」、「命運坎坷」、「好運未到」，這些人仍然像小孩那樣幼稚與不成熟；他們只想得到別人的同情，簡直沒有一點主見。由於他們一直想不通這一點，才一直找不到使他們變得更偉大，更堅強的機會。

挫折通常以一種「啞語」向我們說話，而這種語言卻是我們不了解的。如果這種說法不對的話，我們也就不會把同樣的錯誤犯了一遍又一遍，而且又不知從這些錯誤中吸取教訓。

成功學大師卡內基說，「挫折」是大自然的計畫，它經由這些「挫折」來考驗人類，使他們能夠獲得充分的準備，以便進行他們的工作；「挫折」是大自然對人類的嚴格考驗，它藉此除去人們心中的殘渣，使人類這塊「金屬」因此而變得純淨，並可以經得起嚴格使用。

卡內基有一段時間曾對自己所受到的挫折非常吃驚，有好一陣子，他擔憂得簡直沒有辦法睡覺。最後，憑著常識他想到憂慮並不能夠解決問題，於是想出了一個不需要憂慮就可以解決問題的方法。這個應付挫折的辦法很簡單，任何人都可以使用，其中共有三個步驟：

第一步：先毫不害怕而且誠懇地分析整個情況，然後找出萬一失敗可能發生的最壞的情況是什麼。

第二步：找出可能發生的最壞情況之後，就讓自己在必要

的時候能夠接受它。

　　第三步：從這以後，平靜地把時間和精力拿來試著改善在心理上已經接受的那種最壞情況。

　　卡內基經過幾次實驗，發現這個辦法非常有效。所以，面對挫折要勇敢，拋開憂愁，不放棄努力，就會從挫折中提煉出成功。

31 成功是個調皮鬼，需要不屈不撓追逐

成功金言

普希金說：「大石擋路，強者視為前進的階梯，弱者視為前進的障礙。」

在傑出的諸多人士身上，必定不乏積極進取的品格。至於缺乏這種品格的人，往往都被成功摒除在外。

由此可見，成功與積極實在是密不可分。理由之一在於：不積極有為就不可能有進展，有改變才有進步，消極頹喪的人喜歡保持觀望而不願採取行動，自然也就很難獲得他人的認同。再者，真正的成功者能做到無論事大事小都全力以赴地積極爭取，這與消極怠惰的人大相逕庭。

「積極」並非僅僅針對行動而言，而且還應包括認真進取的「心態」在內。例如「肯定思考」、「肯定言論」等等。

一個人的心態是否積極主動，對他能否成功的影響，遠比天賦和才能來得重要多了。人生苦短，光陰似箭，只有積極、認真、努力的人才能不虛此生。

米契爾曾經是一個十分不幸的人。由於一次意外事故，

把他身體 65% 以上的皮膚都燒壞了，為此他動了 16 次手術。手術後，他無法拿起叉子，無法撥打電話，也無法一個人上廁所，但以前曾是海軍陸戰隊員的米契爾從不認為他被打敗了。他說：「我完全可以掌握我自己的人生之船，我可以選擇把目前的狀況看成倒退或是一個起點」。6 個月以後，他又能開飛機了。

米契爾為自己在柯洛拉利亞買了一幢維多州區式的房子，另外還買了房地產，一架飛機以及一家酒吧。後來他和兩個朋友合資開了一家公司，專門生產以木材為燃料的火爐，這家公司後來變成佛蒙特州第二大私人公司。

在上述意外事故發生後 4 年，米契爾所開的飛機起飛時又滑出跑道，把他背部的 20 塊脊椎骨全壓得粉碎，腰部以下永遠癱瘓！他說：「我不明白的是為何這些事總是發生在我身上，我到底造了什麼孽，要遭到這樣的報應？」

米契爾仍不屈不撓，日夜努力使自己能達到最高限度的獨立自主。他被選為科羅拉多州孤峰頂鎮的鎮長，以保護小鎮的美景以及環境，不會因為礦產的開採而遭受破壞。米契爾後來還競選國會議員，他用一句「不只是另外一張小白臉」的口號，將自己難看的臉轉化為一項有利的資產。

儘管面貌嚇人，行動不便，米契爾卻墜入愛河，而且完成終身大事，也拿到了公共行政碩士學位，並繼續他的飛行活動、環保運動及公共演說。

米契爾說：「我癱瘓之前可以做 1 萬件事。現在只能做 9,000

件，我可以把注意力放在我無法再做的 1,000 件事上，或是把目光放在我還能做的 9,000 件事上，告訴大家我的人生曾遭受過兩次重大的挫折。如果我能選擇把挫折拿來當放棄努力的藉口，那麼，或許你們可以用一個新的角度，來看待一些一直讓你們裹足不前的經歷。人可以退一步，想開一點，然後你就有機會說：『或許那也沒什麼大不了的！』」

記住：

「重要的是，你如何看待發生在你身上的事，而不是到底發生了什麼事」。在積極態度的促動下，奇蹟必定發生。

你看到過消極成功人士嗎？很多人說他天生就消極，其實，沒有所謂「消極的嬰兒」。所有積極和消極的習慣，都是後天培養出來的。既然是後天培養出來的，就一定可以變。凡事為什麼不多往積極方面去想呢？

也許你會問：「想法要積極，難道出了問題」不要去想它嗎？

研究問題，也是積極的表現。因為你研究的是本來可能發生的問題，這並不是積極。這裡指的是一般人的負面思考，也就是只談論問題本身，而不思考如何解決。

成功人士都是積極思考者。當他們遇到問題的時候，會問自己：從這個問題當中可以學到什麼；當他們遇到挑戰的時候，會相信自己：透過扎實的努力，一定能夠突破；當他們遇到困難的時候，會告訴自己：人生就像季節更替一樣，問題一定會被克服。

他們總是堅持著對未來的期望，要想就要往好處想，為什麼要往壞處想呢？

思想是原因，環境是結果。如果你不滿意現在的環境，那你就必須改變頭腦中的思想。使思想積極起來，你就會看到積極態度擁有的奇蹟了。

32 有毅力又有彈性，輕鬆扭轉逆境

成功金言

　　愛迪生說：「我才不會沮喪，因為每一次錯誤的嘗試都會把我往前更推進一步。」

　　扭轉人生的第一步，就在於拋掉一切負面、消極的想法，別一昧相信自己什麼都不行、是無可救藥的了。何以你會這個樣子？只是因為曾經試過很多次仍然不見成效，就意味著自己束手無策了嗎？

　　因此，你要記住這樣一句話，它在我們的人生中經常運用：過去不等於未來。過去你曾怎麼想、怎麼做都不重要，重要的是今後你要怎麼想、怎麼做。在開往未來的道路上，許多人是藉著後視鏡的引導，如果你就是其中之一，那麼難免就會發生意外。

　　相反，你應該放眼於現在，著眼於未來，看看有什麼能使你變得更好的方法。扭轉人生的另一重要步驟，就是需要你堅持到底，為改變困境努力不懈。

　　許多人曾經說過這樣的話：「為了成功，我嘗試了不只上千次，可是就是不見成效。」你相信這句話是真的嗎？別說他們有沒有試上 100 次，甚至是有沒有 10 次都滿令人懷疑。或許有

些人曾試過 8 次、9 次乃至 10 次，但是因為不見成效，結果就放棄了再嘗試的念頭。

成功的祕訣，就在於確認出什麼對你是最重要的，然後拿出各種行動，不達目的誓不甘休。

不知道你是否聽過桑德斯上校的故事？ 他是「肯德基炸雞」連鎖店的創辦人。

而實際上，桑德斯上校在他人生 65 歲時才開始從事這個事業。那麼又是什麼原因使他終於開始行動呢？ 因為他身無分文且孑然一身，當他拿到生平第一張救濟金支票時，金額只有 105 美元，內心實在是極度沮喪。他不怪這個社會，也沒有寫信去罵國會，他僅是心平氣和地自問：「到底我對人們能做出何種貢獻呢？ 我有什麼可以回饋的呢？」隨之，他便思考自己的所有，試圖找出可為之處。

第一個浮上他心頭的答案是「很好，我擁有一份人人都曾喜歡的炸雞祕方，不知道餐廳要不要？ 我這麼做是否划算？」隨即他又想到：「我真的笨得可以，賣掉這份祕方所賺的錢還不夠我付房租呢！ 如果餐廳生意因此提升的話，那又該如何呢？ 如果上門的顧客增加，且指名要點用炸雞，或許餐廳會讓我從其中抽成也說不定。」

他不但會想，而且還知道怎樣付諸行動。於是，他便挨家挨戶的敲門，把想法告訴每家餐廳：「我有一份上好的炸雞祕方，如果你能採用，相信生意一定能夠提升，而我希望能從增

加的營業額裡抽成。」

他的做法換來很多人的嘲笑：「得了吧，老傢伙，若是有這麼好的祕方，你幹嗎還穿著這麼可笑的白色服裝？」這些話是否讓桑德斯上校打退堂鼓呢？絲毫沒有，因為他還擁有天字第一號的成功祕訣，我們稱其為「能力法則」，意思是：

不懈地拿出行動，在你每當要做什麼事時，一定要從其中好好學習，找出下次能做好的更好方法。

桑德斯上校確實奉行了這條法則，從不為前一家餐廳的拒絕而懷惱，反倒用心修改他的說詞，以更有效的方法去說服下一家餐廳。

桑德斯上校的點子最終被接受，整整 1009 次以後，他才聽到第一聲「同意」。

在過去兩年時間裡，他開著自己那輛又舊又破的老爺車，足跡遍及美國每一個角落。困了就更衣睡在後座，醒來逢人就訴說他那些點子。他為人示範所炸的雞肉，經常就是果腹的餐點。歷經 1009 次的拒絕，整整兩年時間，有多少人還能夠鍥而不捨地繼續下去呢？真是少之又少了，也無怪乎世上只有一位桑德斯上校。

如果你好好審視歷史上那些成大功、立大業的人物，就會發現他們都有一個共同的特點，不輕易被「拒絕」所打敗而退卻，不達成他們的理想、目標、心願，就決不甘休。

多方且一致地去嘗試，憑毅力與彈性去追求所企望的目標，至終必然會得到自己所要的，可千萬別在中途放棄希望。

33 失敗多多，成功接近中

菲力普斯說：「失敗是什麼？ 失敗就是走上較高地位的第一階梯。」

要測驗一個人的品格，看他失敗之後的行動是最好的方法。失敗能否激發他的更多的計謀與新的智慧？ 激發他內心潛在的力量？ 是讓他有更強的決斷力，還是使他變得心灰意冷呢？

「跌倒了再站起來，在失敗中求勝利。」無數偉人都是這樣成功的。

有人問一個孩子，你是如何學會溜冰的？ 那孩子說：「哦，跌倒了再爬起來，爬起來再跌倒，這樣就學會了。」使人成功，使軍隊勝利的，就是這種精神。跌倒並不意味著失敗，跌倒了站不起來，才是真正的失敗。

以往的失敗史，在很多人眼中是一部極痛苦、極失望的傷心史。因此，回想過去時，很多人會覺得自己處處失敗、庸庸碌碌，自己衷心希望成功的事情竟然失敗了，他們至親至愛的親朋好友，離他而去，也許他們曾經失去了職位，或是經商失

敗，或者由於多種原因而不能使自己的家庭得以維繫。在他們眼中，自己的前途就像是暗無天日。然而即便有各種不幸，如果你不向命運屈服，勝利就會向你招手。

失敗是對一個人人格的考驗，在一個人只剩下自己的生命時，內在的力量還有多少呢？沒有勇氣繼續奮鬥、自認挫敗的人，那麼他的能力便會消失。只有毫無畏懼、勇往直前、永不放棄的人，才會在失敗之後有偉大的進展。

狄更斯小說裡的守財奴斯克魯奇，開始時愛財如命、一毛不拔、殘酷無情，他甚至把全部的精力都放在錢眼裡。可是晚年時，他竟然變成了一個慷慨的慈善家，變得寬宏大量、真誠愛人。狄更斯的這部小說有著真實的背景，生活中也的確有這樣的事實。人的本性都可以由惡劣變為善良，人的事業又何嘗不能由失敗變為成功呢？現實中有很多這樣的例子，很多人失敗了再起來，面對失敗從不沮喪，抱著不屈不撓的無畏精神，向前奮進，最終獲得了成功。

真正的偉人，面對種種失敗，從不會介意，所謂「不以物喜，不以己悲」。無論遇到多麼大的失望，絕不失去鎮定，只有他們才能獲得最後的勝利。

正如一位哲人所說：「失敗，是走上最高地位的開始。」許多人之所以獲得最後的勝利，只是受恩於他們的屢敗屢戰。一個沒有遇見過大失敗的人，根本不知道什麼是大勝利。事實上，只有失敗才能給成功者以果斷和決心。

34 失敗？那就站起來繼續走

成功金言

　　美國心理學家魏特利說：「不管如何失敗，都只不過是不斷茁壯發展過程中的一幕。」

　　失敗和挫折是幹事業的歷程中經常發生的事情，它並沒有什麼可怕的，可怕的是經受不起挫折和失敗的打擊，從此沉淪下去。做什麼事情，不要希望一下子成功，你必須敢做，勇於從逆境中奮起，這樣你才會成功。

　　美國哈佛商學院教授約翰・利特說：

　　「二十年前，當企業主管們討論一個高級職務人選時，如果提到『這人三十二歲時就遭受慘重的失敗』。別人一定會附和說：『確實如此，那不是個好兆頭！』可是在今天，主管們討論人選時會說：『太讓我擔心了，因為這個人還沒有曾經歷過失敗。』」

　　利特教授這番話很值得深思。

　　世上的事情往往這樣；成果未成，先嘗苦果；壯志未酬，先遭失敗。可以說，一個人的生活目標越高，越是好強上進，

就越容易感受到失敗。失敗是社會的一種選擇機制，通過逆境的考驗，實現優勝劣汰，優秀人才就此脫穎而出，走向事業和人生成功的坦途。

因此，失敗常常成為人生的分水嶺，有的人就此銷聲匿跡，有的人從失敗中崛起，其人生和事業就此進入了一個全新的境界，呈現出全新的局面。

猶太實業家路行維希·蒙德學生時代曾在海德堡大學同著名的化學家布恩森一起工作，他發現了一種從廢鹼中提煉硫磺的方法。後來他移居英國，將這一方法帶到英國，幾經周折，才找到一家願意同他合作開發的公司，結果證明他的這個專利是有經濟價值的，蒙德由此萌生了自己開辦化工企業的念頭。

他買下了一種利用氨水的作用使鹽轉化為碳酸氫鈉的方法，這種方法是他一起參與發明的，在當時還不是很成熟。蒙德在柴郡的溫寧頓買下了一塊地，建造廠房。同時，他繼續實驗，以完善這種方法，實驗失敗後，蒙德乾脆住進了實驗室，晝夜不停地工作，經過反覆而複雜的實驗，他終於解決了技術上的難題。

1874 年蒙德的廠房建成了，起初生產情況並不理想，成本居高不下，前幾年，公司都虧損，同時，當地居民由於擔心大型化工企業會破壞生態平衡，拒絕與他合作。但他憑著堅韌的毅力努力工作，終於在建廠 6 年後取得重大的突破，產量增加了三倍，成本也降了下來，產品由原先每噸虧損 5 英鎊，變為獲利 1 英鎊。

後來，蒙德建立的這家企業成了全世界最大的生產鹼的化工企業。

縱觀古今中外許多成功人士的奮鬥歷程，我們發現，幾乎每一個成功的背後都寫著一個個艱辛的故事。要想闖出一片天地來，經受挫折的磨練是必不可少的。失敗了一定要站起來，這是成功人士的成功法寶。

35 執著做事才能成功

成功金言

法國作家莫里亞克說：「只要堅持不懈，期待中的回答會冒出來。」

無可否認，人們都渴望成功，眼睛緊緊盯著潮流和熱點，唯恐落伍。而當發現自己的領域難以出人頭地或者發現更有前途的行業時，就會毫不猶豫地「跳槽」、「轉行」，拋棄自己數年甚至數十年的事業，到新的領域尋找成功的機會。而事實是，很多人都咀嚼著因半途而廢而帶來的痛苦。

成功的祕訣之一在於執著，成功偏愛執著的追求者。世界上許多名人的成功都來自於克服千辛萬苦，持之以恆的努力，只有這樣，才會漸漸接近輝煌。稍有困難就更改航向或經不起外界的誘惑，恐怕永遠也不會駛達至成功的大陸上。

對那些拒絕停止戰鬥的人來說，他們永遠都有勝利的可能。

如果你發現你自己所處的情勢似乎與勝利無緣，那麼，你可以發展一些對自己的動機有利的行動。如果正面的攻擊無法攻占目標，那麼試試看以側面進攻。生命中很少有解決不了

的難題。再困難的障礙也阻礙不了一個有決心、有動機、有計畫，並且有足夠的彈性來對抗情況變化的人。

物理學上，正負相吸而同性排斥，但人類彼此的關係則恰好相反。消極的人只會與消極的人在一起，積極的心態吸引具有類似想法的人。你會發現，當你成功以後，其他的成就也會不斷到來，這就是疊加的道理。

成功的過程中會遇到很多艱難、困苦與挫折，戰勝他們的最基本法則就是心理上先做好準備，有持續的毅力，堅持到困難向你退縮，當發現困難的弱點後就把握時機地給它致命一擊。

希拉斯·菲爾德先生退休時已經累積了一大筆錢，然而這時他又突發奇想，想在大西洋的海底鋪設一條連接歐洲和美國的電纜。

隨後，他就開始付諸了行動。前期基礎性工作包括建造一條 1,000 英里長、從紐約到紐芬蘭聖約翰的電報線路。紐芬蘭 400 英里長的電纜線路要從人跡罕至的森林中穿過，所以，要完成這項工程不僅包括建一條電報線路，還包括建同樣長的一條公路。另外，還包括穿越布雷頓角全島共 440 英里長的線路再加上鋪設跨越聖勞倫斯海峽的電纜，整個工程十分浩大。菲爾德用盡渾身解數，總算從英國政府那裡得到了資助。然而，他的方案在議會遭到強烈的反對。但菲爾德並未顧及議會的反對，隨後，菲爾德就啟動了這項工程。電纜一頭放在停泊於塞巴托波爾港的英國旗艦「阿伽門農」號上，另一頭放在美國海

軍新造的豪華護衛艦「尼亞加拉」號上；不過，就在電纜鋪設到 5 英里的時候，它突然捲到了機器裡面，被弄斷了。

在這樣的情況下，菲爾德又進行了第二次試驗。在這次實驗中，在鋪好 200 英里長的時候，電流突然中斷了，船上的人們在船板上焦急地走來走去，但就在菲爾德先生即將命令割斷電纜，放棄這次實驗時，電流突然又神奇地出現了，就像它神奇地消失一樣。夜裡，船以每小時四英里的速度緩緩航行，電纜的鋪設也以每小時四英里的速度進行。這時，輪船突然發生一次嚴重傾斜，發動機緊急制動，很不幸，電纜又被割斷了。

這一次，菲爾德依然沒有放棄，他又訂購了 700 英里長的電纜，而且還聘請了專家，請他設計一臺更好的機器，以完成這麼長的鋪設任務。後來，英美兩國的發明天才聯手才把機器趕出來。最終，兩艘船繼續航行，一艘駛向愛爾蘭，另一艘駛向紐芬蘭，結果它們都把電線用完了。兩船分開不到 13 英里，電纜又斷開了；再次接上後，兩船繼續航行，到了相隔八英里的時候，電流又沒有了。電纜第三次接上後，鋪了兩百英里，在距離「阿伽門農」號二十英尺處又斷開了，兩艘船最後不得不返回愛爾蘭海岸。參與這個工程的很多人都洩了氣，公眾輿論也對此流露出懷疑的態度，投資方也對這一專案沒有了信心，不願再投資，但所有這一切困難並沒嚇倒菲爾德。他又組建了一個新公司，繼續從事這項工作，而且製造出了一種性能遠優於普通電纜的新型電纜。1866 年 7 月 13 日，新一次試驗又

開始了，並順利接通、發出了第一份橫跨大西洋的電報。電報內容是：「7 月 27 日，我們晚上九點達到目的地，一切順利。感謝上帝！電纜都鋪好了，運行完全正常。希拉斯·菲爾德。」

　　由此可見，成功更多依賴的是人的恆心與執著，而不僅僅是人的天賦或朋友的支持，以及各種有利條件的配合。最終，天才的力量總比不上勤奮工作含辛茹苦的力量。才華固然是我們所渴望的，但恆心與忍耐力更讓我們感動。

第三章

技巧，幫助萌新快速升級

美國成功學家史蒂芬·柯維強調：對富有經驗的老手，應該洞悉他的真正用心，並透過這一點去分析和解釋他的言論，與這種對手打交道，少說話比多說話更好。

36 按照輕重緩急，拖延永遠不會找上你

成功金言

英國哲學家洛克說：「學到很多東西的訣竅，就是一下子不要學很多東西。」

在人的一生中，有很多很多事情，但並不是這些事情都是一樣重要與緊急的。因為任何事情都有輕重緩急，你不能一下子全部做完，否則什麼事情都做不好。因此，假如你想成就大事，必須要改變這種認知，換一種角度，去按照輕重緩急的原則行動。

美國哈佛大學行為學專家皮魯克斯說：「為什麼有些人事業大起大落，因為這種人想做的事太多，不善於變化角度，結果反而一事無成。」

為此，皮魯克斯總結如下：

· 這種缺點經常在喜歡冒險的人身上發現，這些冒險者發達起來時，簡直就像希臘點石成金的米達斯，無論做什麼生意都能賺錢。

· 這些人的基本問題是，目標太分散以致無法集中目標。

　　這個世界總是為那些有目標的人準備好路徑的。如果一個人有目標，知道他自己向著何處前進，那麼，他就會比那些遊蕩不定、不知所從的人獲得更大的成就。沒有目標，就不能有迅速的進步。皮魯克斯還這樣說：「如果你不知道你是往何處去，便不會達到什麼特殊的目的。」

　　同時，我們還必須明白：只說不做，或者想要實現的目標太多，跟沒有想法沒有目標其實是一樣的有害。

　　美國人泰力從小就是一位游泳健將，他經常參加比賽。「從很小開始，別人就從兩方面來看我們。」他說，「一方面看我們是誰，一方面看我們有什麼表現。我總是因為比賽成績而獲得誇獎。」

　　因此，他不斷追求成就。他的事業從一棟建築物開始，然後變成兩棟，最後名氣愈來愈響亮，業務不斷擴充發展。最後泰力的事業擴張到連自己都搞不清楚到底涉足了多少產業。

　　然而，有一天，銀行打電話通知他的公司已過膨脹，緩付款已經到期，要求償還貸款。小神童泰力就這樣垮了。剛開始泰力責怪每一個人，把錯誤歸咎於銀行、社會經濟情勢或公司員工身上。最後，他清楚地意識到：「我知道自己太自私了，我走得太快、太遠，不知道自己的能力有一定的限度。面對新機會時我不會說：『這類生意我不做。』反而說：『為什麼不做？我什麼生意都做。』我就是太好大喜功。由於每一件事都想做，結果無法把精神集中在某一件事情上。哪一個問題最迫切需要

解決，就成為我的當務之急。我錯把時間上最緊急的事當作最重要的事。」

泰力沒有分辨清楚事情的輕重緩急。他解決的方法是重訂目標，選擇擅長的行業，然後重新集中精神去做。

泰力最擅長的是房地產開發。經過幾年的拮据與苦撐，由於他專心經營，終於逐漸有了起色。現在他再度成為紐約的百萬富翁，只不過對自己能力的限度了解得更清楚了。

在我們遭遇挫敗的這段時間內，過去的一切似乎總是揮之不去，我們彷彿被釘死在上面了。我們會一直思考，又時不時的做一些修正。似乎在我們有行動能力之前，必須先回顧過去並且了解它的意義。所有的人都注定要成為自己一生的歷史學家。

遭逢重大的挫折時，最重要的一件事就是要對自己誠實。除非我們解答了何以失敗的問題，否則就無法把失敗變成成功之母。

其中一個很重要的問題是：你是否有分辨事物輕重緩急的能力，是否因此目標過於分散，是否因此偏離了自己擅長的行業？你是否變換了不同的行為方式？

成功之人唯一與眾不同的是，他們能夠汲取教訓，及時變換角度，分清輕重緩急，去尋求最大機率的成功。

37 條理化工作，時間節省大作戰

成功金言

　　培根說：「選擇時間就等於節省時間，而不合乎時宜的舉動則等於亂打空氣。」

　　有一位美國管理學博士在其《有效的管理》一書中寫道：「我讚美徹底和有條理的工作方式。一旦在某些事情上投下了心血，就可減少重複，開啟了更大和較佳工作任務之門。」

　　有句諺語說得好：「喜歡條理吧，它能保護你的時間和精力。」

　　工作無序，沒有條理，必定會浪費時間。試想，如果一個搞文字工作的手裡資料亂放，本來一天就能寫好的材料，光找資料就找了半天，豈不是浪費時間？

　　工作有條理，既是最容易的事，也是最困難的事。一位管理人員嘆息說：「我最大的問題之一是不能把事情安排得有條有理。」

　　對於從事學習和工作的人來說，辦公桌面是否整潔，是工作條理化的一個重要方面。

一位西方的資深管理者在解釋辦公桌上的東西是如何堆積起來時說：「這是因為我們不想忘記所有的東西。我們把想記住的東西放到辦公桌上一堆資料的上面，這樣就可以看到它們。問題是這種方法還真的管用。每當我們的注意力分散時，我們就看到了它們。我們想起了這些事情，於是就不再胡思亂想。後來，東西堆得越來越高，我們不能想起下面放的是什麼東西，於是就開始在資料堆裡尋找。這樣，時間就浪費在查找丟失的東西上。同時也浪費在注視所有我們不想忘記的東西所造成的干擾上。」

據統計，有 95% 以上的管理者都為辦公桌上堆滿東西而苦惱。

成功者使辦公桌整潔而不亂的辦法是：

- 把你辦公桌上所有與正在做的工作無關的東西清理乾淨。
- 在你準備好辦理其他事情之前，不要把與此無關的東西放在辦公桌上。這就是說，所有的工作項目都應該在檔案中或抽屜裡占有一定的位置，並把有關的東西放到相應的位置上。
- 要努力除去由於有吸引力的干擾或讓你厭煩了手頭上的工作，而放下正在做的事情去做其他呼聲較高的工作。一定要保證你在結束這項工作之前，為它採取了所有應該採取的處理措施。

‧ 按規則把已經處理完畢的東西送到適應的地方去。再核對
  一下剩下的重點工作，然後再去開始進行第二項最重要的
  工作。

養成「有首尾」的好習慣，把資料手稿整理得井井有條，
辦公桌就像「管理交通」一樣管得有條不紊，這樣就避免了混
亂，時間就不會在找這找那的縫隙中溜走。

38 借重他人的力量，團隊力 MAX

成功金言

薩迪說：「最大的滿足，就是給予別人滿足。」

一位權威的成功學家指出：任何青年人一跨入社會都應該學會待人接物、結交朋友的方法，以便相互提拔、相互促進、相互借重，否則，單槍匹馬絕對難以發展到成功的地步。

鋼鐵大王卡內基曾經親自預先寫好他自己的墓誌銘：「長眠於此地的人懂得在他的事業過程中啟用比他自己更優秀的人。」

幾乎所有的成功者都有一種特長，就是善於觀察別人，並能夠吸引一批才識過人的良朋好友來合作，激發共同的力量。這是這些成功者最重要的、也是最寶貴的經驗。

任何人如果想成為一個企業的領袖，或者在某項事業上獲得巨大的成功，首要的條件是要有一種鑑別人才的眼光，能夠識別出他人的優點，並在自己的事業道路上利用他們的這些優點。

美國一位商界著名人物、也是銀行界領袖說：他的成功得益於鑑別人才的眼力。這種眼力讓他能把每一位職員都安排到

恰當的位置上，而從來沒人出過差錯。不僅如此，他還努力使員工們知道他們所擔任的位置對於整個事業的重大意義，這麼一來，這些員工不需要有人監督，也能把事情辦得有條有理十分妥當。

但是，鑑別人的眼力並非人人都有。許多經營大事業失敗的人從某種意義上來說是因為他們缺乏賞識人才的眼力，他們常常把工作分派給不恰當的人去做。他們常常對能力平庸的人委以重任，卻反而冷落了那些真才實學的人，使他們埋沒在角落裡。

其實，他們一點都不明白，一個所謂的人才，並不是能把每件事情都做得很好，而是能在某一方面做得特別出色的人。比如說，對於一個會寫文章的人，他們便認為是一個天才，認為管理人也一定不差。但其實不然，一個人能否做一個合格的管理人員，與他是否會寫文章是絲毫無關係的。他必須在分配資源、制定計畫、安排工作、組織控制等方面有專門的技能。但這些技能並不是善寫文章的人就一定具備的。

世上成千上萬的失敗者，都壞在他們把許多不適宜的工作加到職員的肩上去，而不管他們是否能夠勝任，是否感到愉快。

很多精明能幹的總經理、大主管在辦公室的時間很少，常常在外旅行或出去打球。但他們公司的營業絲毫沒有不利的影響，公司的業務仍然像是時鐘的發條機制一樣有條不紊地進行著。

　　一個善於用人的人、善於安排工作的人就會在管理上少出許多麻煩。他對於每個職員的特長都了解得很清楚，也盡力做到把他們安排在最恰當的位置上。但那些不善於管理的人往往忽視這個重要的方面，而總是考慮管理上一些雞毛蒜皮的小事，這樣的人當然會失敗。

39 幫助他人就是幫助自己

成功金言

茨巴爾說：「應該讓別人的生活因為有了你的生存而更加美好。」

從幫助他人、滿足他人的需要出發，也就是讓自己成為一個他人需要的人，因為我們根植在這個社會之中，若想獲得成功，不能僅從自己的利益出發，而要從滿足別人甚至更多人的需要出發，這樣自己就有了用武之地，只有自己的價值發揮出來，你離成功才會更近。

從滿足別人的需要出發可以幫助我們更能發展自己的目標。

已故的華裔電腦巨人王安，他的經營理論只有 7 個字：「找出需要，滿足它！」王安在哈佛大學取得博士學位，靠發明「記憶磁芯」開始，後來陸續開發出「林納安青照相排版設備」、「洛其」對數計算器、300 型電腦等產品。

「洛其」於 1965 年問世後，立刻成了科學家、工程師等專業人員工作臺上的第一部計算器。

當時，王安公司一位年輕職員米勒在操作「洛其」的過程

127

中無意說了一句話：「如果『洛其』能更簡單地操作，將成為商業上的一大利器。」

這句話震動了王安，讓他發現了一個經營中的問題：「我一直只考慮到科學家與工程師專業人員的需求，因而忽視了其他多數人的需求。」

他立即針對「洛其」進行深入研究並不斷改造，不到一年，一種任何人都能操作的商用電腦——300型計算器投入市場了。

從滿足別人的需求出發，道理應該是很容易理解的，如果你生產經營某種商品，如果這種商品為大眾所需，你的生意就會紅紅火火；如果你的商品對大家來說毫無用處，被消費者拋棄的就不僅是商品，還有商家自己。不為大家所需要的就是社會的垃圾。

拿破崙·希爾年輕時是一名記者。當他訪問鋼鐵大王卡內基的時候，卡內基要求他在20年之內訪問所有的成功人士，花一些時間去研究成功者的祕訣，卻不付給他一分錢的薪水，問他會不會做？

拿破崙·希爾考慮了29秒後答應了卡內基。這時卡內基拿起他的手錶說：「假如超過60秒，你即使答應我，我也不會要你，因為你對付出還在猶豫。」

後來他在成功學著作《思考致富》中著重強調了這一點：「永遠比別人多走1里路。」

　　金克拉有一句名言：「只要能幫助別人美夢成真，就能幫助自己心想事成。」也就是說，做任何事情一定要先付出，一定要先給別人最大的利益。

　　要讓別人先成功，自己再成功，永遠要思考別人要的是什麼，站在別人的立場去觀察事情。只要你不斷付出，一定會得到回報，因為成功者就是付出者。

　　每個人都要以身作則，影響別人，每個人都需要先付出，才可能有所回報。

　　人生應以服務為目的，以付出為目的，以滿足社會需要為目的，只要你也能這樣想，你這輩子不但過得非常快樂，同時你的目標也一定會實現。

40 與成功者開趴，派對不 NG ！

成功金言

洛克斐勒說：「這裡的竅門是要知道坐在你面前的贏家手裡最不起眼的牌也比你輸家手裡最好的牌要重要得多，最好去結交那些聰慧謹慎的人，這些人或遲或早會走運的。」

如果你不善於與人交際，那麼你獲得成功的可能性不僅非常渺茫，而且萬分艱難。歷史事實早已證明，無數聰明而又極有才華的人由於不能與他人建立積極和諧的人際關係而生活得異常艱辛和窘迫。

成功人士善於與人相處，因為他們深諳人際關係的奧妙。他們懂得必須尊重那些每日與自己交際的人。

當你以一種樂觀的方式與人交際，你身邊的人也會被你快樂的情緒感染，而你會感覺更樂觀，這種樂觀的態度會把那些同樣樂觀有趣的人吸引到你身邊。

與人交際的兩個最重要的必備品格是富於同情心和能將心比心，更多從他人的角度考慮問題，為他人著想。

當與人交際時，你同時要學會做你自己，忠於真我。不要戴著假面具做人，偽裝成別的樣子。一定要做真實誠懇的人。

要對人親切禮貌，展示自己高尚的風貌、善意仁愛以及對他人表示真誠的尊重。一定要抽出時間回覆他人的信件，感謝別人對你哪怕只是很小的一點幫助。路上遇到認識的人時，應該主動點頭問候，對他人的招呼要熱情回應。在適當的時候體貼關懷他人，或向人表達自己的感激之情。不要吝嗇給予那些值得被表揚的人以慷慨的讚美。

人類沒有必要讓自己變得自私自利。我們不能過著與世隔絕的生活，他人也不能遠離我們而生存。在家中、生意場上、學校裡以及在世界任何一個角落，我們都離不開別人的幫助。我們應該學會與人協作而不是處心積慮地爭鬥，人類融和的價值遠遠大於分裂。

你不要企圖透過犧牲或損害你的生意合夥人為代價贏取成功。如果你能給予他們足夠的尊重和信賴。你同樣會取得成功。

你應該學會如何與人相處這項最重要的生活技巧。你的領導技巧和人格魅力直接關係著你是否能夠獲得成功，這遠比你所掌握的任何技術性的技藝對你的人生影響都深刻廣遠得多。

尊重他人的感受和想法能使他們感到自己的價值。人們都喜歡體會做一個重要人物的感覺。你要去慷慨地讚美他們的一切成績，和他們一起為此慶賀。其實人人都喜歡被讚美誇耀。

你要竭力弄清楚他人的渴望和需要，學會從他們的立場看

問題。不要武斷專橫、頑固偏執，否則你會忽略他們的意見。要從多角度、多個完全不同的側面看問題，你就會豁然開朗，收穫出乎意料的驚喜、發現和收益。設身處地地為他人著想，將心比心，你就能理解他們。你能因此同他們建立起和諧融洽的關係。

對別人善意地表示出你想了解他們的興趣。傾聽他們的訴說，給予他們自己力所能及的幫助。不要作繭自縛，一門心思只關心自己的需求。

關注他人的興趣和愛好，鼓勵他們敞開心扉，盡情抒發自己內心的感受。不要在交談中急不可耐地表達自己的意見或總是將自己置於中心地位。學會耐心地傾聽，能使你獲益匪淺。如果你能合上你的嘴而敞開你的心靈和大腦，你所得到的回報將是無以倫比、不可限量的。

成就一項事業，需要很多人同心協力。如果你私心太重，你將過得十分孤獨。正是因為他人的存在，我們的生活才變得富有價值和意義。與人交流能帶給你無數燦爛溫馨的歡樂時光。如果你缺乏對他人真誠的關懷和興趣，你可能永遠也無法獲得真正意義上的成功。

41 不要拖拖拉拉，秒變高效率忍者

成功金言

富蘭克林說：「把握今日等於擁有兩倍的明日。」

凡事都留待明天處理的態度就是拖延，這不但是阻礙進步的惡習，也會加深生活的壓力。對某些人而言，拖延是一種心病，它使人生充滿了挫折、不滿與失落感。所以應該經常抱著「必須把握今日去做完它，一點也不可懶惰」的想法去努力才行。

歌德說：「把握現在的瞬間，把你想要完成的事物或理想，從現在開始做起。只有勇敢的人才會擁有能力和魅力。因此，只要做下去就好，在做的歷程中，你的心態就會越來越成熟。能夠有開始的話，那麼，不久之後你的工作就可以順利完成了。」

即使只是一天的時光，也不可白白浪費。曾有一位雇員在年終受到老闆的忠告說：「希望明年開始，你能好好認真做下去。」可是那位雇員卻回答說：「不！我要從今天開始就好好地認真工作。」雖然告訴你明年，其實就是要你現在開始的意思，不從今天而從明天才開始，好像也不錯，然而還是要有「就從今天開始」的精神才是最重要的。

雖然大多數人拖延的主要原因只有一個，如：害怕失敗。但是喜歡拖延的人總是有許多藉口：工作太無聊、太辛苦、工作環境不好、老闆腦筋有問題、完成期限太趕等等。

每天有每天的事。今天的事是新鮮的，與昨日的事不同，明天也有明天的事。今天之事應該就在今天做完，千萬不要拖延到明天。拖延的習慣有礙於人做事。

放著今天的事不做而想留待明天做，就在這個拖延中所耗去的時間、精力，實際上能夠將那件事做好。做以前累積下來的事，會覺得多麼的不愉快而討厭。在當初可以很愉快容易地做好的事，拖延了數日甚至是數星期之後，就會顯得厭煩與困難了。

有計畫而不去執行，讓他煙消雲散，這對於我們的品格力量會產生非常不良的影響；有計畫而努力執行，這就能增強我們的品格力量；有計畫不算稀奇，能執行訂下的計畫才算可貴。

賽凡提斯說：「取道於『等一會』之街，人將走入『永不』之室。」

習慣之中足以誤人的無過於拖延的習慣，世間有許多人都是為此種習慣所累而至陷入悲境。拖延的習慣，最能損害及減低人們做事的能力。

不管想做的事怎樣困難，立刻動手去做，不要畏懼、不要苟且；這樣久而久之，你自能撲滅那拖延的傾向。

無論你的目標是什麼，選擇了什麼職業，如果你想獲得克服危機人生的成功，從現在起，你必須立即拋棄拖延。

42 實力 Show Time，秀出成功一面

拿破崙・希爾說：「要想使自己成為眾人所矚目的明星，重要的是要得到大家的了解。」

如何使別人了解你的能力呢？假如你要成為畫家，就需要一個畫廊來展示你的能力；假如你要成為作家，就要有一家出版社作後盾；假如你要成為音樂家，身後則要有一個唱片公司的支持。總之，你所需要的是那些能夠幫助你成功的人們的了解。

盡可能地將你的能力在畫廊、出版社、唱片公司裡全部表現出來，而且越全部越好。

保羅・麥卡特尼曾在美國利物浦大教堂的唱詩班試唱，結果失敗了。但艾伯斯坦使麥卡特尼與他的同伴們成為世界上最著名的合唱團。隨著時光的流逝，事情的轉變是令你吃驚的：利物浦大教堂正在委託保羅・麥卡特尼為其創作長達一個小時的歌曲。

約翰・列儂是那個時代最具影響力的搖滾樂手，可是如果沒有艾伯斯坦，他是不可能靠他的那把吉他謀生的。

如果你想位居成功者的行列，那麼，不妨去試著主動找找真正的伯樂。

擁有智慧的人，除了應該學會傾聽以外，還應該學會適應別人，而不是等別人去適應你。

一位演員正在和朋友郊遊。剛到達目的地，突然接到電視臺的電話，要他回去錄一個男扮女裝的鬧劇。

「一定是別的大牌演員拒演，才會輪到我！」他說，「抱歉，明天一大早我必須趕回去。」

「既然是別人都不願意演的丑角，你為什麼接？」朋友很不高興。

「因為這是我難得的擔任主角的機會。要成功，先得上檯面。檯面都上不了，怎麼成功？」

他對自己的朋友說：「當年不如意的時候，我請求去歌廳演唱，那老闆居然不屑地說：『你有這個身價嗎？如果你能以臺下的掌聲證明，我就請你。』我當時覺得簡直是奇恥大辱，但是我忍了忍說：『可以，我確實就是自己花錢買票，請親戚朋友去看，特地為我鼓掌。漸漸地，掌聲越來越響，有了很多自動去捧我場的觀眾，甚至到後來，我的親戚想去，都弄不到一張票。」

要成功，就得爭取一切機會表現出自己的實力，沒有機會創造機會也要爭取表現自己的機會。瑪里·居禮說：「弱者往往坐待良機，只有強者才製造時機。」

43 譜出和氣樂章，笑容是最佳旋律

成功金言

　　高爾基說：「要是人家騙了你，你也不必生氣，因為人人都想活，生活的門路卻到處都很狹窄，所以就不能不去擦撞別人。」

　　在別人面前，不故作姿態，不自以為是，不對別人隨意品頭論足、說三道四和指手畫腳，始終保持平等的姿態與對方說話和辦事，才不至於傷及他人的面子和自尊，才有可能與別人保持友好關係，才有助於做好自己的工作和事業。

　　「和為貴」，這是古今中外成功者最推崇的處世哲學。《菜根譚》裡這樣寫道：「天地之氣，暖則生，寒則殺。故性氣清冷者，受享亦涼薄。唯和氣熱心之人，其福必厚，其澤亦長。」

　　人與人的關係是一種相互依存的關係，不僅所肩負的事業存在共性，而且也有很多工作必須依靠合作協同才能完成，否則，互相拆臺，暗中作梗，明處搗亂，要想把一件事情做好是不太可能的。而讓周圍的人都能捧場與合作，自然需要氣氛上的和諧一致。

但是，每個人都是不同的個體，因各自的教養、文化水準、生活經歷等區別，不可能也不必要求每個人處處與他所處的群體合拍，但是，任何一項事業的成功，都不可能僅僅靠一個人的力量，誰也不願意成為群體的重點破壞因素，被別人嫌棄而「孤軍作戰」；這就是共同點。

一個有進取心、有修養的人，能夠利用這一共同點主動熱情地與周圍人接近，以自己的情緒、語言、得體的行為和善意的態度去感染、吸引或幫助他人，使周圍的關係更和睦、更融洽。

與人為善，互相尊重，是與人友好相處的基礎。切忌孤芳自賞，自詡清高，給人一種你高高在上的感覺，不平等的態度，否則永遠贏得不了友誼。

與人友好相處最融洽最和諧的方式莫過於以愛心關愛他人。每個人在工作中、生活中都會遇到困難、意外事故甚至不幸。善於發現、主動關心同事的困難和苦惱，給予必要的得體的精神和行為上的支援和幫助，可以說是我們的義務。冷漠、不關心他人，既不與大家共用歡樂，也不為別人分擔痛苦的人，不僅生活孤獨，而且也很難得到別人的幫助。

人無論怎樣力求完善，身上都會有令人遺憾的弱點，甚至令人嫌棄的毛病。明代一位學者有一句話：「人有不及者，不可以己能鄙之。」就是看到別人不及自己的地方，不能以一己所長而鄙視人家或詆毀別人。因此你的正確態度應該是：理解和

寬容。應該求大同存小異，不必苛求對方，因為寬以待人是以理解為基礎的。

　　與身邊的每一個人保持和氣，便不會輕易被人無端嫉妒和挑剔，而且更為重要的是，一旦有了一些成績，更容易被人認可和稱譽，現實生活中，確實有很多人是靠這些未被周圍人惡意埋沒的一個個小成績而取得進步的。因為事業剛起步時取得了先機，則幸運地超過了其他同時起步的人，所以，也就捷足先登，踏上了更有利於發展自己的康莊大道。

44 只要想著「再走一步」

成功金言

華納梅格說：「不要問成功的祕訣何在。盡全力去做你該做的事吧。」

聰明的人，為了要達成主目標常會設定「次目標」，這樣會比較容易完成主目標。許多人會因目標過於遠大，或理想太過崇高而輕易放棄，這是很可惜的。若設定「次目標」便可較快獲得令人滿意的成績，能逐步完成「次目標」，心理上的壓力也會隨之減小，同時，也會愈來愈接近主目標。

美國曾經有一位 80 歲的老人從紐約市步行到了佛羅里達州的邁阿密市。經過長途跋涉，克服了重重困難，她到了邁阿密市。在那裡，有位記者採訪了她。記者想知道，這路途中的艱難是否曾經嚇倒過她？她是如何鼓起勇氣，徒步旅行的？

老人答道：「走一步路是不需要勇氣的，我所做的就是這樣。我先走了一步，接著再走一步，然後再走一步，我就到了這裡。」

的確，做任何事，只要你邁出了第一步，然後再一步步走

下去，你就會逐漸靠近你的目的地。如果你直達你的具體的目的地，而且向它邁出了第一步，你便走上了成功之路。

我們大多數人都聽說過，寫下自己目標的人比沒有寫下自己目標的人會更成功。

在目標設定方面，查斯特·菲爾德爵士主張採取小步驟進行行動，而不是邁開大步向前。他強調，每個人都應該有偉大的長遠夢想和希望，然而，對於目標設定，他建議人們做一個不太成功的人，而不是過度成功的人，也就是說，採取初級步驟。例如，如果你想要減重 50 磅，擁有健美的身材，他們會推薦你先減重 20 磅，而不是試圖讓自己向前邁出一大步，一下子減重 55 磅；不是去健身房一個小時，而是只去 20 分鐘。換句話說，設定一個不太成功的目標，然後迫使自己堅持它。這樣你就不會覺得壓力太大，而是覺得能應付。由於覺得自己能夠應付，你會發現自己渴望去健身房，或做生活中其他需要你做或改變的事情。

總之，擁有宏偉的大膽的夢想，然後每天做一點事情，也就是說，用小步而不是邁大步走向目標。設定可達到的每日目標，這樣，當你實現小目標後，就會有一種積極的強化力量幫助你沿著通向遠大目標的道路不斷邁進。

45 主動「吃虧」到底是哪招？

成功金言

愛因斯坦說：「判斷一個人的價值，應該看他貢獻什麼而不應該看他取得什麼。」

「吃虧」有兩種，一種是主動的吃虧，一種是被動的吃虧。

「主動的吃虧」指的是主動去爭取「吃虧」的機會，這種機會是指沒有人願意做的事、困難的事、薪水少的事，這種事因為沒有便宜可占，大部分的人不是拒絕就是不情願去做，你主動爭取，老闆當然對你感激有加，一份情絕對會記在心上，日後無論是升遷或是自行創業，他都有可能會幫助你，這是對人際關係的一種投資。最重要的是，你什麼事都嘗試去做，可以磨練你的做事能力和耐力，不僅懂得的比別人多，也會進步得比別人快，這是你的無形資產，絕不是用錢可以買得到的。

做事可以是「主動吃虧」，做人呢？做人比做事難，但如果也有「主動吃虧」的心態，那麼做人其實也並不難，因為人都喜歡占別人便宜，你吃一點虧，讓人占一點便宜，那麼你就不會得罪人，人人當你是好朋友。何況拿人手短，吃人嘴軟，他

們今天占你一點便宜，心裡多少也會過意不去，他們會在恰當時候回報你，這就是你「吃虧」之後所占到的「便宜」。

「主動吃虧」，這一點年輕人一定要牢記，因為這是累積工作經驗，提高做事能力，擴張人際網路最好的方法。

美國亨利食品加工工業公司總經理亨利·霍金士先生有一次突然從化驗室的報告單上發現，他們生產食品的配方中，具有保險作用的添加劑有毒，雖然毒性不大，但長期服用對身體有害。如果不用添加劑，則又會影響食品的鮮度。

亨利·霍金士考慮了一下，他認為應該以誠對待顧客，於是他毅然決然把這個有損銷量的事情告訴了每位顧客，隨之又向社會宣布，防腐劑有毒，對身體有害。

他做出這樣的行為之後，使他自己承受了很大的壓力，食品通路銳減之外，所有從事食品加工的老闆都聯合起來，用一切手段向他反撲，指責他別有用心，打擊別人，抬高自己，他們一起抵制亨利公司的產品，亨利公司一下子跌到了瀕臨倒閉的邊緣。苦苦掙扎了 4 年之後，亨利的食品加工公司已經傾家蕩產，但他的名聲卻家喻戶曉。

這時候，政府站出來支持霍金士。亨利公司的產品又成了人們放心滿意的熱門商品。亨利公司在很短時間內便恢復了元氣，規模擴大了兩倍。亨利食品加工公司一舉成了美國食品加工業的「龍頭公司」。

生活中總有一些聰明的人，能從吃虧中學到智慧。

「主動吃虧」也是一種哲學的思路，其前提有兩個，一個是「知足」，另一個就是「安分」。「知足」則會對一切都感到滿意，對所得到的一切，內心充滿感激之情；「安分」則使人從來不奢望那些根本就是不可能得到的或者根本就不存在的東西。

所以，表現上看來「吃虧是福」以及「知足」、「安分」會給人以不思進取之嫌，實際上，這些思想也是在教導人們能成為對自己有清醒認識的人。

成功需要有一定的智慧，而「主動吃虧」就是智慧的表現。

46 謙遜不一定受益，不謙虛肯定害到自己

　　法國啟蒙思想家孟德斯鳩說：「謙虛是成功者不可缺少的品德。」

　　謙虛是一種美德，它可以讓一個人具有特殊的魅力。一個謙虛的人，他的周圍總是聚集著許多朋友，他總是能贏得人們的尊重和愛戴。

　　鋼鐵大王卡內基在他的自傳裡，談起一位叫洛伯里的人：

　　「記得有一天早上，洛伯里特地差人來請我去一趟，當我到他家裡時，他正坐在桌旁，桌上放著一個信封，寒暄之後，他便把那個信封遞給我說：『我想請你把寫這封信的祕書辭退。』」

　　當時我大感驚訝，『為什麼呢？』我說：『這個祕書平日做事十分認真、品行也很不錯，簡直像是我的左右手一樣，他有什麼事情得罪了您嗎？』洛伯里指著信封上的一行名字說：『這不是他的字跡嗎？ 他怎麼把我的姓氏寫上兩個 r 呢？』

　　這讓我非常不悅。我說：『這種一時的筆誤是誰都難免的，即使寫錯了，也不過是無心之錯，何必當成一件了不起的事

145

呢？我平日如果對於這種事情也斤斤計較的話，也許早不在人世了。至今我每天收到的大量信件中，仍有十個裡面會有兩三個人把我的姓名的字母搞錯。他們有時甚至於把我寫成 Karnaghie，或 Carnagay。』

我這一番話仍舊不能提醒他。他拿著那個信封，不知道如何是好。試想，即使是一個再了不起的偉人，有了這種狹小的氣量，優點也會立刻遜色不少的。」

當你做了一件自鳴得意的事時，你應該自問：這事能夠成功，是不是靠了公司的招牌，或者是你在公司的地位的力量？因為有許多場合，我們常會被這種環境促成的成就，當成是自己了不起的功績，因而愚蠢地蒙蔽了自己。

當然，如果你有一個大公司、大銀行的招牌可以利用，你就不妨盡量運用它以增進你的工作效率。但是事成後，你必須把功勞仔細分析清楚 —— 這件事的成功，究竟是完全依靠你一個人之力，還是靠那塊招牌的力量。如果有些後者的成分夾雜在內，那你就應該趕快思索一下：將來如果遇到同樣的場合，但沒有這個靠山時，應該怎樣去做成這筆生意。不可因此就自吹自擂，不把人家放在眼裡。

越是謙遜的人，別人越是喜歡找出他的優點來推崇。越是把自己看得了不起而孤高自大的人，別人不但越是看不起他，而且越是喜歡找出他的缺點，加以全力攻擊。

只有目光短淺、胸無大志的人才會時時標榜自己做了什

麼，有時為了標榜自己，甚至在大眾面前掩飾自己的過失，而傑克森、富蘭克林等偉大的人物則不同，他們都能超脫這種淺薄的虛榮，他們深知，人們所樂意接受和尊敬的是那些謙遜的人。一個有功績而又十分謙遜的人，他的身價肯定也會倍增。

但是，凡事都講究「度」，所以，過度的謙虛並不是一種可取的美德。在這個現實的世界，好的道德與才能，如果沒有人知道，並不是很好的回報，這不僅是在欺騙自己，也是在欺騙別人，更是對自己功績的詆毀。謙遜與恰當時候的自我標榜相結合，才是一個人獲得成功的有效途徑之一。

謙虛的人恪守的是一種平衡關係，即使周圍的人在對自己的認同上達到一種心理上的平衡，也不讓別人感到卑下和失落，非但如此，有時還能讓別人感到高貴，覺得比其他人強，即產生任何人都希望能獲得所謂的優越感。

古有「滿招損，謙受益」的箴言，它忠告世人要虛懷若谷，對人對事的態度不要驕狂，否則就會被世人譏笑和瞧不起。一句話，謙遜是通往成功和贏得人們尊重的最重要的品格之一。

47 親手嘗試，拿出勇者氣概

羅曼·羅蘭說：「即使透過自己的努力而知道一半真理，也比人云亦云地知道全部真理還要好些。」

人類學家研究證明：人類早在嬰兒時期就開始具有自我意識了，成熟的自我意識應該是相信自己是獨一無二的，不是第一，也是並列第一。自知之明卻是一道安全門，它有利於正確疏導自我意識中的狂妄部分，使這些部分不至於跑到實際事務中去，破壞通向成功之路。

曾有人這樣說過：「本來就笨的人，什麼事都不能做，根本無法做到成功；具有中等智慧的人，抱著堅定的信念，可以學到專業知識，加上努力，便會成功；太過聰明的人，往往處處想找竅門，時時想走捷徑，結果往往因基礎不牢、努力不夠而難以成功。」

愛因斯坦讀小學時，曾被教師訓斥為「不可造就」的孩子。但是，當他長大成人之後，他卻成為世界著名的科學家。他的成功祕訣之一，就是充分利用業餘時間，刻苦學習，且事事親手一試。

有一則愛因斯坦查閱書刊的軼事。一天，愛因斯坦和他的助手 —— 物理學家英費爾德正在研究廣義相對論。他們遇到一個需要計算的問題。這類計算，很多數學書籍都可以找到。英費爾德提議道：「我們查查書吧！ 那樣可以省去不少時間。」

但愛因斯坦卻自己動手算了起來，「不要查，這樣更快。」他說：「我已經忘記怎麼查書了。」

在他們的論文發表前，英費爾德向愛因斯坦建議：「是否需要查閱一下文獻，把以前在這個問題上做過工作的科學家的名字，引用在論文上。」

「對，一定要查一查。在這方面我的過失太多了。」愛因斯坦大聲笑說。

「不要查」與「一定要查」反映了愛因斯坦在科學上的嚴謹精神和謙遜態度。書上可以查到答案，本來可以採取「拿來主義」，但愛因斯坦卻要不厭其煩地親手算一算，把間接的經驗變成直接的經驗，加深了理論的記憶。

愛因斯坦曾深有體會地總結說：「人的差異在於業餘時間。」

確實，在同樣環境、同樣時間、同樣條件的業餘時間裡，兩個文化程度不同的人，經過若干年後，一個人透過業餘時間不斷學習，可能成為具有某個方面專長的學者。而一個不願意學習的人，業餘時間庸庸碌碌讓其白白流逝，那麼可能使其所掌握的知識也會逐漸遺忘，最終成為庸人。

兒童一般都天真爛漫。他們不知道什麼可能和不可能，所

以會問一些幼稚的問題，嚮往一些不可能的事情。成人通常就乖了，他們知道什麼可能和不可能，所以不會去問愚蠢的問題，不會嚮往不可能的事情。對孩子充滿好奇心的問題，他們草草一句「事情就是那樣」，就把他們打發了。其實，事情未必是「那樣」。

成人同樣能夠去問：為什麼看不到跟你打電話的人？ 為什麼人造革比不上動物皮革輕柔、耐用和有彈性？ 為什麼不乾脆把人體缺損或致病的基因換掉？ 這類「愚蠢」的問題，正是打開新的競爭空間的鑰匙。

一位大學教授曾對剛入學的新生說：「你們到這裡，第一件事我要勸你們做個書呆子。只有先做書呆子，然後才能做聰明人。一開始就想做聰明人，什麼都沒有，而要裝天才，做神童，那才是真正的呆子。聰明絕頂，目空一切，這是學生容易犯的毛病。你們要杜絕這種小聰明，爭取將來的大智慧。」

48 變通變通，曲徑通幽

成功金言

　　美國富豪保羅‧蓋蒂說：「墨守成規乃致富的絆腳石。真正成功的商人，本質上流著背叛的血。」

　　怎樣才能成功？一句話：變通可以曲徑通幽，執拗只能山窮水盡。

　　1982 年，在美國《幸福》雜誌上所列的全美 500 強大企業名單裡，突然出現了一名新秀、名不見經傳的電子工業公司──蘋果電腦公司。

　　一年之後，奇蹟再次發生。人們驚奇地發現，年輕的蘋果電腦公司青雲直上，一舉躍到了第 291 位，營業額高達 9.8 億美元，職員人數 4,000 人，它的迅速發展，引起了美國企業界的極大關注。

　　而領導這家公司的主要有兩位年輕人，他們叫史蒂夫‧賈伯斯、史蒂芬‧沃茲奈克。

　　當時，在美國，許多電腦生產廠家，都把研發和生產的重點放在大型電腦上。就像是被譽為「巨人」的國際商用機器公

司 IBM，是世界上電子電腦及其周邊設備製造廠商，也是最大的電腦生產廠商，其業務範圍涉及政府、商業、國防、科學、航太、教育、醫學和日常生活研究的各個領域，產品銷售至 128 個國家和地區，年銷售額達 400 多億美元。就是這樣一家久負盛名的大公司，竟然沒有一臺個人電腦上市。雖然當時微電腦在美國市場上已經出現，但大多是提供工程師、科學家、電腦程式設計師使用的，還沒有非常普及，一般家庭很少購買。

史蒂夫·賈伯斯和史蒂芬·沃茲奈克決定另闢新路，將注意力集中到個人電腦上。

創業伊始，他們缺乏資金，賈伯斯賣掉自己的金龜牌汽車，沃茲奈克賣掉了心愛的電腦，湊了 1,300 美元。沒有工作場所，他們找了廉價零件，就在賈伯斯父母的車庫裡工作。

經過長期艱苦的努力，他們終於在 1976 年研發成功了一臺家用電腦，命名為「蘋果 I 號」。當他們把這臺電腦拿到俱樂部展示時，立刻吸引了不少電腦迷，他們紛紛掏錢購買，一下子就訂購了 50 臺。

第一步取得成功，從此，局面逐漸打開了，他們的訂單源源不斷。他們認定家用電腦的發展前景廣闊，於是打算成立一家公司，專門生產家用電腦。

他們的想法得到了投資家馬克拉的幫助，他願意投資 9.1 萬美元，美國商業銀行也貸給了他們 25 萬美元的貸款。然後，他倆又開始到處遊說，募集到 60 萬美元的資金。這樣，1977 年

「蘋果電腦公司」宣告正式成立。馬克拉擔任公司董事長，賈伯斯擔任副董事長，斯科特擔任總經理，沃茲奈克任副總經理。

他們又網羅各方面人才，共同進一步研發和改良家用電腦。不久，他們向市場推出了「蘋果 II 號」、「蘋果 III 號」和「里薩」等個人電腦新產品。

蘋果電腦公司獨闢蹊徑，瞄準別家電腦公司遺漏的「盲區」，閃電般向市場推出的家用電腦，迎合了美國大眾的需要，銷售情況非常好。

對於那些想成就大事的人而言，他們寧可在創新中失敗，也不要在墨守成規中死亡。這說明，做人做事不要輕易的被一個成規束縛住了。

溫水煮青蛙的實驗充分說明了這個道理。將活青蛙放入燙手的熱水中，青蛙會一躍而出，跳出可能致死的陷阱。如果將青蛙放在冷水中，再慢慢加熱，可以看到青蛙依然悠游其中，並不會隨著水溫的逐漸上升而逃出來，最後活活燙死。

第一種情況，對青蛙來說，屬於巨大變化，易引起警覺心與應變行為，可說是「置之死地而後生」的反應；第二種狀況，環境慢慢改變，鬆懈了青蛙的警惕心，邁向死亡卻不自知。

人類雖聰明，處在變化迅速的社會中，也易發生類似的現象。不知變、不能應變，固然容易遭到淘汰，然而知變卻不能應變，或應變而失去方向，也同樣易遭到慘敗。

49 把問題倒過來看，答案顯而易見

成功金言

英國經濟學家凱恩斯說：「傑文茲看見水沸騰了，高興得像孩子一樣的叫了起來，馬歇爾也看見水沸騰了，卻悄悄地坐下來製造了一部蒸汽機。」

擅於改變自己的思維，不按照常理去想問題，就會取得非同一般的成效。

美國有一家大百貨公司，門口的看板上寫著：無貨不備，若有缺貨，願罰 5 萬。

一個德國人很想得到這5萬元，便去見經理，開口就說：「潛水艇，在什麼地方？」

經理帶他到第 15 層樓，果然有一艘潛水艇。德國人又說：「我還要看看飛船。」經理又帶他到第 10 層樓，果然有一艘飛船。德國人不肯甘休，又問道：「有肚臍眼長在腳下面的人嗎？」他以為這一問，經理一定會被難住。經理只能抓耳撓腮，無言以對。這時，旁邊的一位店員回應道：「我做個倒立給這位客人看看！」

今天，人們都已經熟悉了逆向思維這種方式，但到了實際情況下，特別是一些特殊情況下，人們還是習慣於常規思維。因此，很多實際可以解決的問題，也就被人們看成無法做到、難以解決的問題。

基克爾大學畢業初入社會，在某家外貿公司就職，不幸遇到一個愛拍馬屁，什麼本事都沒有的頂頭上司，這個人每天下班後沒有什麼事也要跟著外方上司拚命「加班」，無事生非，把白天整理好的檔案弄得一團糟，轉眼間出了差錯，他竟然把責任推給基克爾。

出於氣憤，基克爾辭職去了另一家公司。在那裡，他出色的工作博得了許多同事的稱讚，但無論怎樣也沒辦法讓苛刻、暴躁的經理滿意。於是，他又萌動了跳槽之念，他向總經理遞交了辭呈。總經理沒有盡力挽留基克爾，只是告訴他自己處世多年得出的一條經驗：如果你討厭一個人，那麼你就要試著去愛他。總經理說，他就曾「雞蛋裡挑骨頭」，在一個上司身上找優點，結果，他發現了老闆的兩大優點，而老闆也逐漸喜歡上了他。

基克爾仍然討厭他的經理，但已經悄悄收回了辭呈。他說：「現在想開了，作為一個成熟的人應該放開心胸去包容一切，愛一切。換一種思維方式看待人生，你一定會發現，樂趣比煩惱要多得多。」

再說一則故事：日本北海道冬季嚴寒，積雪的時間長達4

個月。積雪對農作物而言，雖然有防蟲與防寒等好處，但積雪時間太久的話，會影響農民播種的時間。

剷除殘雪，得花大錢。因此，農民只好撒泥土來融解積雪，但泥土太重，融雪的效果也不好。所以，幾十年來，積雪的問題一直困擾著北海道的農民。

有一天，一個老農夫試著把火爐中的黑灰撒在積雪上，沒想到，效果非常好，一舉解決了數十年的難題。

黑灰不但讓泥土比較容易搬動，而且熱度高，融雪的效果數倍於泥土，再說挪出黑灰，等於把火爐灰消滅乾淨，真是一舉三得。

黑灰原本是無用的廢物，經過農夫的動腦之後，卻變成極有用之物，這真的應驗了一句話：只要肯動腦，垃圾也能變成黃金。

為了生涯發展與提高生活品質，人人應該要充實自己、擴大視野，從日常生活中培養健康、合理與貼切的思考模式，作為行動的指導原則。

換一種思維方式，把問題倒過來看，不但能使你在做事情時找到峰迴路轉的契機，也能讓你找到生活上的快樂。

50 以迂求直，繞道也要風景美好

成功金言

　　美國行為學家皮魯克斯說：「在許多人的腦中，總會誤認為頑固地堅持下去，一定會有自己想要的結果，但事實會讓他們有所改悔。」

　　成功者前進的道路總是坎坷曲折的，在市場競爭中，有些企業經營者由於受資金、設備、人才、技術等客觀條件的限制，目的不可能一下子就達到。不少人一開始沒本錢，但他卻能先用別人的錢建立起信譽，然後買空賣空，大獲其利。這就告訴我們，任何企業經營者欲沿著筆直的路線達到自己認定的目標都是不現實的，世界上也不存在有企業經營者一帆風順地一步達到輝煌頂點，一口吃成大胖子的先例。

　　艱苦探索出來的道路，有時卻能夠比走直路更能率先到達終點。這也說明企業經營者，確實需要在市場實戰中，採用迂迴戰術，尋找戰機，以迂求直，迂迴發展。

　　當前，美國仍是志願兵制，在國家機器的宣傳工作上，都強調愛國、報國，保護、捍衛自由民主等，以此來證明入伍

當兵是件光榮、神聖的事情。又因為失業率較高，所以，美國三軍宣傳廣告上不但表示從軍的人馬上就有工作，有收入，而且表示在今天的現代化部隊裡，可以在報國的同時學到一技之長，為退伍後謀生做準備。

此外，美國軍方早在第一次世界大戰時，就請心理學家巧妙利用定量思維的原理，想好了一番安慰的話，這倒是比說大道理更有用：「如果是打傳統的常規戰爭的話，不用擔心你當了兵就會死。當兵有兩個可能：一個是留在後方，一個是送到前線。留在後方沒有什麼可擔心的，送到前線又有兩個可能：一個是受傷，一個是沒有受傷。沒有受傷不用擔心，受傷的話也有兩個可能：一個是輕傷，一個是重傷。輕傷不必擔心，重傷的話也有兩個可能：一個是能治好，一個是治不好的，能治好的不必擔心，治不好的也有兩個可能：一個是不死，一個是死……也好，因為你已經死了，還有什麼好擔心的呢？」

因此，如果打的是傳統常規戰爭，照上面說法，死的機會比常人所認為的 1/2 小得多，最多不到 1/16，生還的機率好像還滿大的。這樣一算，減少了許多人的恐懼，徵兵工作進展得相當順利。

以上的案例給我們的啟迪是，採用迂迴戰術，能夠改變固有的觀念。

要學會相信自己，相信你自己其實也有能力刺激內心豐富的創造力。你不僅可以獲得許多新點子，還可以進一步想像並

主導各種全新的局面 —— 內容各異的不同狀況 —— 而且任何
細節都不錯過。

　　你將可以以主觀的體會，知道什麼是對的，什麼行得通，
這就是改革家以迂求直的本領，而且這技巧人人可學、人人
可用。

51 適時忍讓，才能成就大事

成功金言

英國哲學家詹姆士‧艾倫說：「以退為讓，退讓與吃虧，實為人生之道。」

在中國，「忍」字是中國有志之士的人生哲學。越王勾踐也好，韓信也罷，都曾忍受別人的屈辱，最終度過了難關，成就了大業。《格言聯壁‧存養》中說：「必能忍人不能忍之觸忤，斯能為人不能為之事攻。」

戰國時期，有一位出生於魏國的范雎，因家境貧窮，開始時只在魏國大夫須賈的手下當客卿。有一次，須賈奉命出使秦國，范雎作為隨從前往。到了齊國，齊襄王遲遲不見須賈，卻因仰慕范雎的辯才，叫人賞給范雎十斤黃金和酒，但范雎推辭了。須賈卻由此產生了疑心，認為范雎是把祕密情報告訴齊國，才得了禮物。回國後，須賈將自己的疑心告訴了魏國宰相魏齊。魏齊下令把范雎傳來，用竹板責打他，打折了肋骨，並讓群臣輪流往范雎身上小便。後來，范雎設法逃出魏國，改換姓名，輾轉到了秦國，當了秦國的宰相。

可見，忍，實在是醫治磨難的良方。忍人一時之疑，一方面是脫離被動的局面，同時也是一種意志、毅力的磨練，為日後的發奮圖強、勵精圖治、事業有成奠定正常情況下所不能獲得的基礎。

有一天歌德到公園散步，迎面走來了一個曾經對他作品提出過惡毒批評的評論家。這位評論家站在歌德面前高聲喊道：「我從來不給傻子讓路！」歌德卻答道：「而我正相反！」一邊說，一邊滿面笑容地讓在一旁。歌德的幽默避免了一場無謂的爭吵。有了歌德這樣的「一笑」，既可以避免各種矛盾衝突，也可以消除自己的惱和怒，從某種意義上說，它既可以為自己擺脫尷尬難堪的局面順勢下臺，又能顯示自己的心胸和氣量。

俗話說「不如意事常八九」。期望愛情甜蜜者，難免有失戀的苦惱；一向和諧的家庭，也少不了拌嘴爭吵；被認為可信賴的朋友，偶爾的誤會竟產生隔閡；為事業而奮鬥打拚，也許遭到平庸者的嫉妒……生活中的這些個「不如意」常常在檢驗著一個人的修養水準：有的泰然處之，從容對待，以真誠化干戈為玉帛；有的則怒形於色，耿耿於懷，因褊狹積小怨為仇端。

學會忍讓，這些看似極簡單的事情，卻有化解你生活中各式各樣的煩惱的力量，而使你人生路上充滿快樂和陽光。

香港富豪李嘉誠說過：

「要是自私的人想占你的便宜，就不要去理會他，更不要想去報復。當你想跟他扯平的時候，你傷害自己的，比傷到那傢

伙的更多。」

　　一個「忍」字，從古至今一直散發著神奇的光芒。古今中外，幾乎所有的成功者都牢記「忍為高」這句話。

　　當形勢比人強時，你是很難施展的，彷彿困獸一般。一些人碰到這種情形，常常會順著情緒處理；被羞辱了，乾脆就和他們打一架，被老闆罵了，乾脆就拍他桌子，然後自動走人。不能說這麼做就會毀了你一生，因為人生的事很難說，有時甚至會「因禍得福」、「弄巧成拙」！但不能忍，絕對會使你的事業造成某種程度的中斷。歷史事實證明，不能忍的人「因禍得福」的不多，大部分都不如意，總是到中年了，才會感嘆地說：「那時年輕氣盛啊！」其中的關鍵倒也不在於這種不能忍的人命運不好，而是不能忍的人走到哪裡都不能忍，不能忍氣、忍苦、忍怨、忍謗，他總是會發作、要逃避、要抗拒，所以常常形勢還沒好轉，他就垮了。

　　顯而易見，對於每個人來說，必須掌握的一門課程就是忍耐。

　　可以說，從這個時候起，你在工作上所有的成長，便透過觀察、研究和理解他人的態度來決定。這裡所說的「他人」，是指同事、上司或顧客。因此，陳述自己的主張時，必須自我克制、慎重而有耐性。只有這樣，這些人才會長久地站在你的身邊，你才能有一個成功快樂的人生。

52 此路不通，走彼路見奇蹟

成功金言

　　法國哲學家薩特說：「人應該是自由的，而且經常應該根據自己的選擇來行動。」

　　人的一生中有各式各樣的機緣，例如升學、就業、升遷、結婚等等，有的人實現了自己的夢想，有的人夢想破滅，不得已而選擇其他的道路。某些時候，也許美夢成真的人是幸福的，夢想未能實現的人，因此而煩惱、痛苦，有的甚至絕望。但是，事業上蒸蒸日上的人可能會突然遭遇挫折，相反，曾經不得已選擇其他道路的人，可能會在新的道路上取得巨大成功，這種人生的逆轉，不可妄下定論。

　　一個人在不得不走向一條與自己想法不同的道路時，往往變得消沉，或許說出「我算是完了！」之類的喪氣話，而否定自己的未來。不過，越是這樣的時候，越要把發生的一切事情向積極的發展方向去設想。

　　必須進行積極的思維：「一扇窗戶關閉了，另一扇窗戶為我開啟」，「過去所有一切的結束，正是一個新目標的出發點」。

　　走向失敗的人，每次遇到挫折時，總是武斷地認為「我是個百無一能的廢物」，而不去積極開啟就在眼前的一扇新的窗戶，開發自己無限的潛能的機會其實就在眼前，結果卻錯失良機。因而，走向失敗的人，其實是因為喪失了一個又一個的機會，故而人生道路艱難而曲折。

　　但是倘若在竭盡全力打拚之後卻仍舊不能如願以償，就應該這樣想：「上天告訴我『你轉入另外一條發展道路上，一定能取得成功』」；因為家庭的原因而不得不改變自己的發展方向時，也是一樣，運用積極思維：「原來是這樣，自己一直認為這是很適合於自己的事，不過，一定還有比這個更適合自己的事。」應該認為另外一條新的道路已展現在你的眼前了。不要失望，不要氣餒，振作起來！沿著這條新的道路向前走。

　　日本麥當勞總裁藤田在小時候，便夢想做一名外交官，為此高中畢業後他報考了東京大學法學部。但是，有人說他，「你是大阪口音，所以絕對是當不了外交官的。」於是，他無可奈何地放棄了。外交官之路被關閉了，一個實業家之路向他敞開了。1971 年他創立了日本麥當勞。沒過多久，便發展成為外國食品產業在日本的第一號分店。

　　一條發展道路被封死了，不必絕望。如果能夠在新的發展道路上全力以赴，那麼，取得像藤田總裁這樣巨大的成功，也並非異想天開。

　　人的一生，避免不了遭受許多危機。但是，危機也許正是

最大的機遇。所以，從今以後一旦陷入危機之中，應該認識到「危機就是機遇」。

西班牙歌手胡利奧，目前是滿譽全球、廣受歡迎的歌手。他最大的願望曾經是做一名足球運動員。但是，一場不幸的交通事故，使他不得不放棄自己鍾情的足球事業，而轉向歌壇方向發展。

女演員奧黛麗赫本曾立志做一名芭蕾舞演員，但老師認為她不具備這方面的才能，於是她果斷地放棄。此後，他成為了一名深受世界各國人喜愛的電影演員。

日本作家家田莊子曾想做一名演員。她參加過許多演出，但毫無出色之處。有一天她向出版社販售她的相片，這時有人勸她寫寫書。沒想到這竟然成了她成為作家的契機。

這些成功人士，他們原本的志向並不是企業家、美術評論家、歌唱家、演員或者作家，但是，各自都因為不同的情況而不得不放棄最初的夢想。可貴的是，他們在放棄的時候，重新向前望去，打開另一扇新門，並全力打拚，從而成為各個領域的佼佼者。

人在遭遇危機時，為擺脫危機會絞盡腦汁。一般情況下，人們只使用著全部能力的 3%，而絞盡腦汁地思考對策，會調動出平時未使用的 97% 的潛能。因此，越是在大危機的情況下，越會產生出其不意，克敵制勝的舉措。

　　如果你能改變你的思考方式，就會發現將自己逼入死巷子的危機或挫折，正是發揮一個人潛能的絕佳時期。擁有逆境思維的人會把危機變為機遇，並且獲得比以前任何時期都巨大的成功。

53 被打槍？適時偽裝自己

成功金言

印度詩人泰戈爾說：「留在後面的人最先走到前面；
一個沉默不語的人，告訴別人的更多。」

生活中的每個人都在渴求探索著怎樣才能成功，而成功的
方式卻是多種多樣的，這就需要針對不同的情況採取不同的
策略。

講一個故事：

有一位留學美國的電腦博士，畢業後在美國找工作，結果
好多家公司都不錄取他。他以這樣高的學歷，而且簡直是最「吃
香」的專業竟然找不到一個職位，連他自己都感到奇怪。無奈
之下，他想出了一個在其他人看來最愚蠢的辦法：他決定收起
所有的學位證明，以一種「最低的身分」再去求職。不久他就
被一家公司錄取為程式輸入員，但他做得一絲不苟。此後，老
闆發現他能看出程式中的錯誤，不是一般的程式輸入員所能相
比的。這時他才亮出了學士證，老闆給他換了一個與大學畢業
生同等的專業。過了一段時間，老闆發現他時常提出許多獨到

且有價值的建議，遠遠比一般大學生要高，這時他又亮出了碩士證，老闆看見後又提拔了他。又過了一段時間，老闆覺得他還是與別人不一樣，就向他詢問，這時他才拿出了博士證，此時老闆對他的水準已經有了比較全面的認識，毫不猶豫地重用了他。

這個博士的辦法是聰明的。他先降下身分和架子，甚至讓別人看低自己，然後尋找機會全面地展現自己的才華，讓別人一次又一次地對他刮目相看，他的形象慢慢地變得高大。

如果剛一開始就讓人覺得你有多麼了不起，對你寄予了種種厚望，可是你隨後的表現讓人一次又一次的失望，結果往往會被人越來越看不起。這種反差效應值得任何人注意。

他人對你的期望值越高，越容易看出你的平庸，發現你的錯誤。相反，如果別人本來並不對你抱有厚望，你的成績總會容易被發現，甚至讓人吃驚。

大多數剛出社會的人，不懂得這種心理，往往希望從一開始就引人注目，誇耀自己的學歷，本事，才能。既使別人相信，形成刻板印象之後，如果你工作有點差錯或失誤，往往就被人瞧不起。想想看，如果一個大學生和博士生做出了同樣的成績，公司老闆會更看上誰？他們會說大學生了不起，你博士的學歷高，理論上應該本領再高一點，可是你跟其他人一樣，有什麼了不起的？刻板印象是難以消除的。所以，剛出社會或剛換工作的人，不應該過早地表現自己，當你默默無聞的時

候，你會因一點成績一鳴驚人，這就是深藏不露的好處。如果交給你一項工作，你說「我保證能夠做好！」幾乎和說「我不會」一樣糟糕，甚至更糟糕。你應該說：讓我試試看。結果你同樣做得很好，可是得到的評價會大不相同。

輕易表現自己，以致得罪別人，既然不能很好地掌握自我，也不易取得事業的成功。這樣的人實在不太聰明。你無意中說了別人什麼，但別人常常會記憶一輩子，到適當的時候，就會不知不覺有意識地進行報復。因此，我們說「心直口快」，坦坦蕩蕩，是一個人的好處，也是一個人的致命的弱點。

密藏不露的煙幕法也是自我保護的重要手段，它會減少遭到別人暗算或報復的機會。如果別人根本不知道你在想什麼或準備做什麼，別人怎麼攻擊你呢？如果你不說讓人討厭的話，別人怎麼會報復你呢？古人說：「三緘其口」，就是告誡人們不要胡言亂語。「禍從口出」，也從反面說明了這個道理。一個做大事業的人怎麼會沒有祕密，怎麼能不守祕密，隨便相信人，落人口實，受制於別人呢？很多情況下，不裝糊塗就辦不好事，更辦不成大事。實際上，越是大事，糊塗越要裝得徹底，這樣，才能更好地避免或排除阻礙你成功的路障。

第四章

壞習慣讓你與成功擦肩而過

　　我們應該清楚地意識到，所有的成功，其過程都是循序漸進的，切不可急功近利，也不可交淺言深。只有在這個基礎上，你才能與他人建立真實、自然、和諧的關係，才能夠與這個世界上最重要的人建立最融洽、最祥和的關係 —— 這個人就是你自己。

54 養成敬業的習慣，即便你的職位很低

成功金言

英國哲學家洛克說：「習慣一旦培養成功，使用不著借助記憶，很容易很自然地就能發生作用了。」

所謂「敬業」，就是要敬重你的工作。就是認真負責，認真做事，一絲不苟，並且有始有終。

一個人在追求成功的過程中不可避免會遇到艱難坎坷，而戰勝這些艱難坎坷，就要有敬業精神。敬業精神是強者之所以成為強者的一個重要方面。這也是由弱者到強者應該具備的職業品性，如果你在工作上能敬業，並且把敬業變成一種習慣，你會一輩子從中受益。

很多年輕人剛入社會時都有這樣的感覺，自己做事都是為了老闆，為他人賺錢。其實，這也並無什麼關係，你出錢我出力，情理之中的事。再說，要是老闆不賺錢，你怎麼可能在這家公司好好工作呢？有些人認為，反正為人家幹活，能混就混，公司虧了也不用我去承擔，他們甚至還扯老闆的後腿，背地裡做一些不良之事。稍微思考一下，這麼做其實對你自己並沒有什麼好處。

敬業，表面上是為了老闆，其實是為了自己，因為敬業的人能從工作中學到比別人更多的經驗，而這種經驗便是你向上發展的踏腳石，就算你以後換了地方、從事不同的行業，你的敬業精神也必會為你帶來幫助。

有句古老的諺語：我們都是「習慣的產物」。的確如此，因為所有的人都是遵從某種習慣來生活和工作的。

如果你的習慣是良好的、健康的，那你一定是個精神愉快的人，而這一定有益於發揮你的強項。如果你的習慣並不好，那你應該盡一切力量來改變。

習慣控制著你的生活，舉個最簡單的例子，在每個早晨醒來之後，你總會習慣性地刷牙、梳洗、換上乾淨的衣服、扣好扣子、吃頓早餐。如果你沒有養成這些以及其他為人所接受的習慣，那麼將不被鄰居、同事及親朋好友所接受。

如果沒有習慣，你的生活節奏就會混亂，你就會養成一種散漫的生活方式。即使是最簡單的生活功能，也會和自己發生衝突。如果你需要一整天 24 小時的時間才能完成白天的工作，那麼你會沒有時間睡覺。

養成敬業的習慣之後，或許不能馬上能夠為你帶來戰勝弱點的好處，但可以肯定的是，如果你養成了一種「不敬業」的不良習慣，你的成就就會相當有限，你的那種散漫、馬虎、不負責任的做事態度就會深入你的潛意識之中，做任何事都會「隨便做一做」，而結果也就不問自知了。

由敬業這一習慣可以為你帶來兩點好處：

· 容易受人尊重。就算工作績效不太突出，別人也不會去挑你的毛病，甚至還會受到你的影響。

· 易於受到提拔。老闆或主管都喜歡敬業的人，因為這樣他們可以減輕工作壓力，把事情交給敬業的人放心。

因此說，只有養成敬業的好習慣，才能把事情做得成功。

55 接受不可改變的事實

成功金言

　　國外一位政治家說：「我們應該順應自然，立在真實上，求得人生的光明，不可陷入勉強、虛偽的境界，把真正人生都歸幻滅。」

　　不可否認，環境本身並不能使我們感到歡樂或不快，我們對周圍環境的反應才能決定我們的感覺。

　　在必要的時候，我們都能忍受得住災難和悲劇，甚至戰勝它們。我們也許會以為我們辦不到，但我們內在的力量卻堅強得驚人，只要我們願意加以利用，就能幫助我們克服一切。

　　布斯·塔金頓在世時總是說：「人生加諸我的任何事情，我都能接受，除了一樣，就是失明，那是我永遠也沒有辦法忍受的。」

　　然而，他在 60 多歲的時候，有一天他低頭看著地上的地毯，色彩整個是模糊的，他無法看清楚地毯的花紋，他去找了一個眼科專家，發現了那不幸的事實：他的視力在減退，有一隻眼睛視力完全喪失，另一隻也離失明也為期不遠了。他最擔

心的事情，最終發生在他的身上。但他的反應並沒有像他說的那樣，完全沒有，他自己也沒有想到他還能覺得非常開心，甚至於還能善用他的幽默感。以前，浮動的「黑斑」令他很難過，它們會在他眼前晃過，遮蔽了他的視線。可是現在，當那些最大的黑斑從他眼前晃過的時候，他卻說：「嘿，又是老黑斑爺爺來了，不知道今天這麼好的天空，它要到哪裡去。」

當塔金頓雙眼的視力完全失明之後，他說：「我發現我能承受我視力的喪失，就像一個人能承受別的事情一樣。要是我五種感官全部都喪失了，我知道我還能繼續生存在我的思想裡，因為我們只有在思想裡才能夠真正地看清事物，只有在思想裡才能夠真正地體會生活，不論我們是不是知道這一點。」

塔金頓為了恢復視力，在一年之內接受了 12 次手術，為他動手術的是當地的眼科醫生。他知道這都是必要的，他知道他沒有辦法逃避，所以唯一能減輕他受苦的辦法，就是爽爽快快地去接受它。

同樣的這個想法，叔本華是這麼說的：「能夠順從，就是你踏上人生旅途中最重要的一件事。」

塔金頓拒絕在醫院裡住私人病房，而是住在普通大病房裡，和其他的病人一起接受治療。他試著去讓大家開心，而在他必須接受好幾次手術時 —— 而且他很清楚地知道在他眼睛裡動了什麼手術 —— 他只會努力讓自己去想他是多麼的幸運。「多麼好啊，」他說，「多麼的妙啊，現在科學的發展已經達到

了這種程度，能夠為人的眼睛這麼細微的東西動手術了。」

　　一般人如果要忍受 12 次以上的手術和不見天日的生活，恐怕都會變成精神病了。可是塔金頓卻說：「我可不願意把這次經歷拿去換一些不開心的事情。」這件事教會他如何接受，這件事使他了解到生命所能帶給他的沒有一樣是他力所不及而不能忍受的。這件事也使他領悟富爾頓所說的這句話：「失明並不令人難過，難過的是你不能忍受瞎眼。」

　　對於苦難，要是我們因而退縮，或者是加以無謂的反抗，為它難過，我們也不可能改變那些不可避免的事實，它們既然是這樣，就不可能是那樣。但是，我們也可以有所選擇，我們可以把它們當作一種不可避免的情況加以接受，並且適應它。

56 充滿熱忱做事，在工作中尋找樂趣

成功金言

　　塞內加說：「生命，只要你充分利用，它便是長久的。」

　　一個人只要對工作充滿熱忱，無論是在挖土，或者是在經營一個大公司，都會認為自己的工作是一項神聖的天職，並懷著深切的興趣和高度的責任感。只要抱著這種態度，任何人都一定會成功，一定會達到目標。

　　愛默生說：「有史以來，沒有任何一件偉大的事業不是因為熱忱而成功的。」熱忱對成功來說不可輕忽的，它是邁向成功之路的潤滑劑。

　　休斯·查姆斯在擔任「國家收銀機公司」銷售部經理的期間，公司的財政發生了困難。這件事被在外面負責推銷的銷售人員知道了，並因此失去了工作熱忱，這時開始產品銷售量開始下跌，到後來，情況變得非常嚴重。銷售部不得不召集全體銷售員開一次大會，在全美各地的銷售員都被召回參加這次會議。查姆斯先生主持了這次會議。

　　首先，他請手下最佳的幾位銷售員站起來，要他們說明銷售量為何會下跌。這些推銷員被叫到名字後，一一站起來，每個人都有一段最令人震驚的悲慘故事要向大家傾訴：商業不景氣、資金缺少、人們都希望等到總統大選揭曉後再買東西等等。當第 5 個銷售員開始列舉他無法達到平常銷售配額的各種困難情況時，查姆斯先生突然跳到一張桌子上，高舉雙手，要求大家安靜，然後，他說道：「停止，我命令大會暫停十分鐘，讓我把我的皮鞋擦亮。」

　　之後，他命令坐在附近的一名黑人小工把他的擦鞋工具箱拿來，並要這名工友替他把鞋擦亮，而他就站在桌上不動。

　　對於查姆斯這樣的行為，有些人以為查姆斯先生突然發瘋了。他們開始彼此竊竊私語。在這同時，那位黑人小工友先擦亮他的一隻鞋子，然後又擦了另一隻鞋子，他不慌不忙地擦著，表現出第一流的擦鞋技巧。皮鞋擦完之後，查姆斯給了那位小工友一美分，然後開始發表他的演說。

　　查姆斯先生說：「我希望你們每個人，好好看看這位黑人小工友。他擁有我們的整個工廠及辦公室內擦皮鞋的特權。他前一位員工是位白人小男孩，年紀比他大得多，儘管公司每週補貼他 5 美元的薪水，而且工廠裡有數千名員工，但他仍然無法從這個公司賺到足以維持他生活的費用。而這位黑人小男孩不僅可以賺到相當不錯的收入，既不需要公司補貼薪水，每週還可以存一點錢，而這兩個擦皮鞋的孩子，他們的工作環境完

全相同，也在同一家工廠內，工作的對象也完全相同。我現在問你們一個問題，那個白人小男孩拉不到更多的生意，是誰的錯？是他的錯，還是他顧客的錯？」那些推銷員不約而同大聲回答說：「當然了，是那個小男孩的錯。」

「正是如此。」查姆斯回答說，「現在我要告訴你們，你們現在推銷收銀機和一年前的情況完全相同：同樣的地區、同樣的對象、以及同樣的商業條件。但是，你們的銷售成績卻比不上一年前。這是誰的錯？是你們的錯？還是顧客的錯？」

同樣又傳來雷鳴般的回答：「當然，是我們的錯。」

「我很高興，你們能坦率地承認你們的錯。」查姆斯繼續說，「我現在要告訴你們，你們的錯誤在於，你們聽到了有關公司財務發生困難的謠言，而影響了你們的工作熱忱。因此，你們就不像以前那般努力了。只要你回到自己的銷售地區，並保證在以後 30 天內，每人賣出 5 臺收銀機，那麼公司就不會再發生什麼財務危機了，以後再賣出的，都是淨賺的。你們願意這麼做嗎？」大家都說願意，後來果然辦到了。

這個事件記錄在「國家收銀機」公司的歷史上，名稱就叫《休斯·查姆斯的百萬美元擦鞋》，因為這件事扭轉了該公司的逆境，價值 100 萬美元。

熱忱是永不失敗的。美國「十分錢連鎖商店」的創辦人查理斯·華爾渥茲也曾經說過：「只有對工作毫無熱忱的人才會到處碰壁。對任何事都熱忱的人，做任何事都會成功。」

　　當然，這對成功而言，單單有熱忱是不夠的，譬如一個對音樂毫無才氣的人，不論如何熱忱和努力，都不可能變成一位音樂界的名家。但凡是具有必需的才氣，有著可能實現的目標，並且具有極大熱忱的人，做任何事都會有所收穫，不論物質或精神上都是一樣。

　　愛德華·阿普爾頓，是一位偉大的物理學家，曾協助發明了雷達和無線電報，也獲得了諾貝爾獎。他說：

　　「我認為，一個人想在科學研究上有所成就，熱忱的態度遠比專業知識來得重要。」

　　人生一世，做得最多和最好的那些人，也就是那些成功人士，一定都具有這種能力和特點。即使兩個人具有相同的才能，必定是更具熱情的那個人會取得更大的成就。

57 果然書還是讀太少了

成功金言

俄國作家魯巴金說:「讀書是在別人思想的幫助下,建立自己的思想。」

可以這樣說,讀書,是一種美麗的行為。在讀書中,天上人間,盡收眼底;五湖四海,就在腳下;古今中外,放眼可觀。讀書,讓我們懂得什麼是真、善、美,什麼是假、惡、醜;讀書,讓我們豐富了自己,昇華了自己,突破了自己,完善了自己。

人是需要讀一些書的,尤其是在現在富了物質、窮了精神的時代,許多人在生活中迷失了方向,透過讀書可以使自己從物質名利中跳脫出來,塑造美好的生活觀念。對此,古今中外的名人對讀書都具有深刻的體會。

英國作家莎士比亞說道:「書籍是全世界的營養品。生活裡沒有書籍,就好像沒有陽光;智慧裡沒有書籍,就好像鳥兒沒有翅膀。」

當代作家賈平凹說得更為精采:「讀書,能識天地之大,能

曉人生之難，有自知之明，有預料之先，不為苦而悲，不為寵而歡，寂寞時不寂寞，孤單時不孤單，所以絕權欲，棄浮華，瀟灑達觀，於囂煩塵世而自尊自強自立不畏不俗不諂。」

書籍的重要並不在於書本身，更重要的是給予我們的啟示。一本好書就像一個挖寶的人，透過閱讀，它能不斷開採出隱藏在我們心中的寶藏，要是我們能夠得到挖寶人的話，大多數人心中都有可供發掘的寶藏。我們在書裡常常發現我們所想和感受到的，只是我們沒有表達出來自己。讀書喚醒我們潛在的能力，在書裡我們認識了自己。

讀書最快樂的境界莫過於進入美感境地，而且沒有功利目的。讀書使我們足不出戶便可以心遊萬仞，目極八荒，願我們在書海中遨遊，撿拾美麗的貝殼，構築自己的精神大廈。

大哲學家蒙田說：「……第三種交流，即是與書本的交流，才是更加肯定的，屬於我們自己的。在我整個一生進程中，它伴隨著我，處處幫助我；在我風燭殘年之時，它給我安慰；在我背上無所事事的討厭負擔時，它使我寬心；它隨時將我從我所討厭的交際中解救出來；它為我減輕災難的痛苦，只要遇到的不是滅頂之災；而且，它並不整個地占有我的心靈。要轉移我討厭的空想，只需要讀書，書籍立即就把我吸引住，把其餘東西都從我思想中驅除出去。」

讀書而且讀對人來說有積極影響的好書是一生中幸運的事，有可能從此你的世界觀會有很大的不同。書是作者智慧的

結晶，是對人生經過沉思後精心篩選過的自我陳述，所以經常讀書是一種完成思想成熟的捷徑。

當閱讀時，你會拋開一切的煩惱，悄然的被作者帶入一個全新的文化境界裡自由漫步。在無數個夜晚裡，你與一位長者展開了平靜深遠的交談，馳騁古今、橫跨時空與地域。長者充滿智慧且言語坦誠，他的思想會慢慢融入到你的心靈深處，字字敲擊著你幼稚的靈魂。潛移默化中你對世界萬物的著眼角度開始發生變化，你會用心去體會人生的真正含義，能夠快樂積極地對待生活，學會欣賞美並去創造美，你將邁向智者們的思想階梯逐漸達到一定的領悟境界，了解到宇宙自然的博大和自身的渺小。

生活中我們離不開陽光空氣，同樣，離開書本的日子也會是最乏味的，與書相伴的人生才最有意義。

58 成功需要快樂的參與

成功金言

　　林肯說：「樂由心生，快樂是一種感覺，一種『如人飲水，冷暖自知』的感覺。」

　　如果要使你快樂，必須要出現什麼東西嗎？是希望有錢、有地位？或是希望憑空得到一棟房子？是希望駕駛一輛名車？還是希望有人愛你、關心你，告訴你他們是多麼喜歡你？到底要怎麼樣才能使你快樂呢？

　　事實上，你不需要任何理由就可以馬上快樂起來。英國神學家英吉說：「最快樂的人，似乎是那些不需要什麼特殊的原因就快樂的人 —— 只因快樂而快樂。而這無疑是十分好的理由。」

　　10年前，一位叫麥格的先生得了猩紅熱，當他康復以後，他發現又得了腎臟病。他去找過許多醫生，甚至去找巫醫。但誰也沒有辦法醫治好他。

　　在不久以後，他又得了另外一種併發症，他的血壓高了起來。他去看一個醫生，醫生說他的血壓已經到了214的最高點。

第四章
壞習慣讓你與成功擦肩而過

醫生宣布他已經沒有救了 ── 「情況太嚴重，最好馬上回家處理後事。」

「我回到家裡，」他說，「確認我所有的保險金都已經付過了，然後向上帝懺悔我以前所犯過的各種錯誤，坐下來很難過地默默沉思。」我使所有人都很不快樂。然而，在經過一個禮拜的自怨自艾之後，我對自己說：「你這樣子簡直像個大傻瓜。你在一年之內恐怕還不會死，那麼趁你還活著的時候，為何不快快樂樂呢？」

「我挺起胸膛，臉上露出微笑，試著讓自己表現出好像一切都正常的樣子。我承認開始的時候相當費力，但是我強迫自己很開心，很高興，這不但有助於我的家人，也對我自己大有幫助。

「接著我發現自己開始覺得好多了 ── 幾乎好得就跟我裝出來的一樣好。這種改進持續不斷，而在今天 ── 原先以為已經躺在墳墓裡好幾個月的今天 ── 我不僅很快樂，很健康，活得也好好的，而且我的血壓也降下來了。有一件事是我可以肯定的：如果我一直想到會死、會垮掉的話，那位醫生所預言的就會實現了。可是我給自己的身體一個自行恢復的機會，別的什麼都沒有用，除了改變我的心情。」

如果讓自己覺得開心、充滿勇氣和有健康的思想能夠救一個人的命，那麼你我為什麼還要為一些小小的不愉快和頹喪而難過呢？如果讓自己開心就能夠創造出快樂來，那又為什麼讓

我們和我們身邊的人不高興而難過呢？

　　所以，讓我們記住一位先哲的話：「……通常，只要把受苦者內心的感覺，由恐懼換成奮鬥，就能把大部分我們所謂的邪惡，改變為對你有幫助的好處。」

　　許多人在快樂後頭狂追狂跑，其實，快樂就在自己手中或在頭上。喬希·畢要斯這位美國著名幽默作家說得好：

　　「假如你曾經追尋到幸福，你可以了解，那就像一個老婦人急著尋找她遺失的眼鏡，卻發現它好端端的在自己的鼻梁上。」到遠處找尋快樂的人，總是把歡樂遺忘在身旁。」

　　快樂的習慣非常容易養成，只要使日常所想念的都往「愉快」的方面去想。把自己環境中可以使你一想起來就高興的人、事、物，每天在腦子裡經過幾遍，這樣愉快的心境，將會使這一天所遭遇的事情轉變方向，化險為夷，轉憂為喜。

59 勤奮是一盞盞明燈，為你點亮成功的未來

成功金言

　　魯迅說：「哪裡有天才，我是把別人喝咖啡的工夫都用在工作上的。」

　　在通往成功的路上，曲折和坎坷是無法擺脫的困惑，而不管多麼聰明的人，要想從眾多道路中取得捷徑，都少不了一個「勤」字。所謂「書山有路勤為徑、學海無涯苦作舟」，主要指讀書與成功的關係，其實，人生中任何一種成功和幸福的獲取，大多都始於勤而成於勤。

　　勤奮努力，可以說是一種無形的財產和力量。有勤奮習慣的人即使到了晚年，由於習性的關係，也不減勤奮而且更加努力；雖然是不自覺的勤奮努力，可是其所作所為，會自然表現出勤奮努力的行為。

　　在當今，有形財產是靠不住的。可靠的是那些永遠寄託於自身的——學問、藝術、技術等無形財產，這是終身不會被人剝奪的東西。而這些人生的資產必須靠勤奮努力才能獲得。由此看來，勤奮努力的習性，也就是終身不會脫離其人的貼身財產了。

　　松下幸之助說：「我小時候，在當學徒的 7 年中，在老闆的教導之下，不得不勤奮從事學藝，也不知不覺地養成了勤奮的習慣，所以在他人視為辛苦困難的工作，而我自己卻不覺得辛苦，甚至有人認為『太辛苦了』的工作，我卻反覺得很快樂。換個立場說，我覺得快樂的工作，在旁人看來，只不過是認真工作而已，所以我與他人的看法，自然就有差異了。我青年時代，始終一貫地被教導要勤奮努力，當時我想，如果把勤奮努力去掉，那麼一個年輕人還剩下什麼？因為年輕人有所期望，才需要勤奮努力，這是人生之一大原則。事實上，在這個社會裡，對有勤奮努力習性的人，不太會被人稱讚是尊貴或者偉大，也不會認為他很有價值，因此，我認為大家應該無所顧忌地提升對具有這種良好習性者的評價，這樣才算真正對勤奮習性的價值有所認識。」

　　誠然，社會中有些自恃天分很高者並不把勤奮努力看在眼裡，其實勤奮才是精明的姐妹。有些人年幼時智力非凡，被讚譽為神童，但後來不肯勤奮努力，結果長大後毫無幫助，王安石所說的方仲永，就是個非常生動的例子。而有些人幼年智力平平，甚至愚鈍，但後來因為勤學不息，反而有所成就，清朝的學者彭端淑就屬於這種情況。有個成語，叫「勤能補拙」。著名數學家華羅庚教授有句名言：「勤能補拙是良訓。一分辛苦一分才。」縱觀古今中外的歷史，許多傑出的科學巨匠、學術大家、偉大文豪，幾乎都是在通過艱辛漫長的勤奮之路後才爬上

人類科技文化的高峰的。

歷史清楚地記載著：司馬遷寫《史記》，13 年；李時珍寫《本草綱目》，27 年；哥白尼寫《論天體運動》，30 年；達爾文寫《物種起源》，28 年；歌德寫《浮士德》，58 年。如果司馬遷、哥白尼……他們不是十幾年、幾十年如一日地勤奮不停歇，能給後人留下如此珍貴的遺產嗎？

的確，勤奮出成果，勤奮能點燃智慧的火把。而那些只知悲嘆自己處境低劣的懶惰者，永遠不會在事業上有所幫助，永遠不會變得聰明起來，永遠只能是一隻飛不起來的笨鳥。

痛苦使理想生輝，勤奮使人生變美。一個有追求的人，不會輕言失敗和放棄自己的追求與奮鬥，幸福的人生不是安逸中的空想，而是跟蹌的執著，重壓下的勇敢，逆境中的自信，艱難困苦中的勤奮和奮發，是在任何環境下都具備的自我適應、自我調解能力。

一味感嘆是怯懦的習性，永遠搏擊才是奮鬥的性格。你可能因為匆匆上路而來不及準備必要的「工具」—— 知識、才能、經驗；但只要你頑強地走著，這些「工具」就會如期而至；只要你頑強地走著，泥濘坎坷之路就是坦途，不毛之地也會開花結果……

相信，一個平凡的人，在劇烈的勤奮之火的熾燃下，同樣也會迸發出耀眼的光亮和巨大的能量。

60 種下「惜福」的種子，收穫滿滿的快樂果實

成功金言

羅曼‧羅蘭說：「一個人離開正常生活越遠，就越會覺得自己目前的壞行為是一種聰明和進步，而把正常生活著的人們看為落伍或迂腐。」

「惜福」的觀念是我們社會最需要培育的。「人在福中不知福」，每當到醫院看護病人，看到許多病友正在為生命奮鬥，我們才覺得健康是如此寶貴。

直到不幸的事情發生，才意識到過去是多麼幸福。無疑，在不幸降臨之前，我們一直在不斷地追求幸福，但卻不知道，事實上我們一直擁有幸福。只是程度不同而已。

幸福，往往是身受時不知，失去後才覺得可貴。

不要感嘆你失去或未得到的，珍惜你還擁有的。

叔本華也曾告誡我們：「我們很少想到自己擁有什麼，卻總是想著自己缺什麼。」這個經常是情緒失調的重要原因。

著名兒童心理學家李‧索克博士，他提到他的母親在俄羅斯長大的經歷：她小時候，為躲避哥薩克人的騷擾，被迫背井

離鄉。他們的村莊被燒成了平地，她躲在乾草車中、藏在水溝裡，才撿回一條命。最後，她擠在輪船的底艙裡，漂洋過海來到了美國。

索克寫道：

即使在我母親結婚生子後，她仍然每天為果腹而奔忙，但母親總要我們多想一想：「我們擁有什麼？」而不要想「我們缺什麼」。她告訴我們，在逆境中可以培養對「美」的欣賞力，因為美無所不在，即使在最簡樸的生活裡也不例外。

她執著地傳授給我們的人生態度就是：天真的很黑的時候，星星就會出現。

「不為自己沒有的悲傷而活，要為自己擁有的歡喜而活」。當沮喪的時候，試著想想人生中的美好事物。

你有沒有四肢與眼睛可用？有沒有關心你的父母或伴侶？你有沒有對未來的期待——一次休假，還是一個聚會？你有沒有一本想看的好書？還是一個想觀賞的電影？一次你等待的約會？

把你擁有的所有美好事物都寫下來，然後在腦子裡設想這些事物一樣一樣都被剝奪了，那時你的生活會變得怎樣。等你充分體會了這種失落空虛的感覺，再慢慢地、一件一件地把這些寶貝還給自己，這時你一定會驚訝地發現自己好多了。

現在，「數數你擁有的幸福」，能讓你的心情愉悅起來。

61 愛心存摺，累積另一種財富

成功金言

馬明・西比利亞克說：「如果一個人僅僅想到自己，那麼他一生裡，傷心的事情一定比快樂的事情來得多。」

狄更斯說過：沒有無私的、自我犧牲的母愛的幫助，孩子的心靈將是一片荒漠。

在里約熱內盧的一個貧民窟裡，有一個男孩，他非常喜歡足球，可是又買不起，於是就踢塑膠盒，踢汽水瓶，踢從垃圾箱撿來的椰子殼。他在巷口裡踢，在能找到的任何一片空地上踢。

有一次，當他在一個乾涸的小池塘裡踢東西的時候，被一位足球教練看見了，他發現這男孩子踢得很好，就主動提出送給他一顆足球。小男孩得到足球後踢得更賣力了，不久，他就能準確地把球踢進遠處隨意擺放的一隻水桶裡。

耶誕節的時候，男孩的媽媽說：「我們沒有錢買聖誕禮物送給我們的恩人，就讓我們為他祈禱吧。」小男孩跟媽媽祈禱完

畢，向媽媽要了一支鏟子跑了出來，他來到一處別墅前的花圃裡，開始挖坑。

在他快要挖好洞的時候，從別墅裡走出一個人，問他在做什麼。小男孩抬起滿臉汗珠的臉龐，說：「教練，耶誕節到了，我沒有禮物送給你，我願意給你的聖誕樹挖一個樹坑。」教練把小男孩從樹坑裡拉了上來，說：「我今天得到了世界上最好的禮物，明天你到我的訓練場去吧。」

3 年後，這位 17 歲的小男孩在 1958 年世界盃上代表巴西隊第一次捧回金盃。一個原來不被世人所知的名字 —— 比利，隨之傳遍世界。

天才之路都是用愛心鋪成的，並且在鋪成這條路的愛心中有天才自己的一顆。

試想一下，如果沒有教練的愛心，如果沒有媽媽的愛心，如果沒有小男孩自己的愛心，那是否會有今天的球王貝利呢？天才之路如此，普通人的成長之路又何嘗不是如此呢？

培養自己心中常存愛心的習慣吧，從此它將改變你的命運。

62 不要被無限制的欲望所左右

成功金言

　　法拉第說：「拼命去爭取成功，但不要期望一定會成功。」

　　人是感情動物，無論是什麼人，只要進入社會，接觸到物質社會的利益，都會在心中產生種種欲望。

　　生物學家認為，動物的基因是自私的，它們必須自私，因為基因為爭取生存，直接和它的等位基因發生你死我活的競爭的時候，只有擊敗對手，犧牲等位基因才有自己生存的權利。人由遺傳基因發展形成，人的自私大概就是發源於此。但是，如果僅僅以基因必須自私而心安理得，而丟棄文化這種「全新的非生物學」的力量，你就把自己更重要的一部分 —— 你的血肉，從你的軀體上剝離，剩下的只是一副骨骸。你會變得毫無人的力量，即使血肉仍然在你的身體上，那整個的你與普通的動物也沒有什麼區別。

　　古時候，有一個放羊的男孩，一個偶然機會，他發現了一個深不可測的山洞，這個地方很隱蔽，他從未進去過。好奇心

促使他一步步地往山洞裡走進去。當他到達一定深度的時候，突然他發現了一座金光閃閃的寶庫。天哪，這是不是人們常說的那個天下第一寶藏呢？放羊的男孩很是好奇，他從來沒有見過這麼多的金子，他很高興，小心地從成噸的金山上拿了小小的一條，他自言自語道：「要是財主不再讓我幫他放羊的話，這幾十兩金子也夠讓我生活一段時間了。」說完後他回到了放羊的山上。

他將羊趕回老財主家，如實地將一天的發現告訴了老財主，還把自己撿到的那塊金子拿出來給財主看，讓他辨別真假，財主知道真的有這件事後，他便急忙地詢問藏金子的洞在哪裡。男孩把藏金子的山洞的大概位置告訴了他，老財主馬上命令管家與手下們直接朝男孩放羊的那座山，還擔心男孩的話不真，讓男孩為他們帶路。

很快，財主看見了真的金山，他高興得不得了。他想，這下我發大財了，他急忙將金子裝進自己的衣袋，還讓一起來的手下拚命地裝金子。就在他們把小男孩支開，準備帶走所有金子的時候，洞裡的神仙發話了：「人啊，別讓欲望負重太多，天一黑下來，山門就要關了，到時候，你不僅得不到半兩金子，連老命也會在這裡丟掉，別太貪婪了。」

貪婪的財主哪裡聽得進去，他想山洞這麼空闊，而且又那麼堅硬，就是天大的石頭砸下來，也砸不到自己的頭上，何況這裡有這麼多的金子啊！負重一點有什麼怕，擁有了這些金

子，出去後我不就是大富翁了嗎？於是財主還是不停地搬運，非得要把金山搬空不可。然而，一陣轟鳴聲後，山洞全被地下冒出的岩漿吞沒掉了，財主一行人都葬身在了火山的岩漿之中。

人的貪婪與否，欲望的多少直接關係到人品的汙潔和事業的成敗。

人只是一念貪私，便銷剛為柔，塞智為昏，變恩為怨，染潔為汙，壞了一生人品，故古人以不貪為寶，所以度越一世。

人在進入社會後有各式各樣的欲望，人有欲望這無可厚非，有的人的欲望是客觀的、有節制的，這樣的欲望則會是一種目標，一股動力，他可以使人具有方向性。

有的人的欲望則是主觀的、無限制的，甚至連他自己也說不清楚需要多少才能滿足。這樣的欲望則會給自己增加壓力，超負荷的欲望會羈絆人前進的腳步，有的甚至將其引向歧路。

欲望太多、太重，會讓負重的人為此在一個障礙上跌倒。人有七情，也有六慾，這本屬正常，也是作為一個人在物質社會裡不可或缺的東西。可是六慾不能太重，七情亦不能太多，只有這樣，一個人才能在社會上立足，也才能夠不被欲望所左右，才能迎來美好的未來。

63 當下，過去了不會重來

成功金言

　　羅馬哲學家塞尼加說：「有些人以回憶過去折磨自己，有些人則因憂慮不幸將至而難過痛苦。這兩者都可笑至極 —— 因為一個與現在的我們無關，而另一個則尚未到來。」

　　日本有句諺語：「勿思明日櫻花在，夜半風來花瓣落。」這句話是說，不要期望明天，貴在能掌握今天，因為今朝開得好好的櫻花，說不定就被半夜的一陣風吹得殘落不堪。此語道破如幻夢的人生，是如此難以捉摸。

　　已故的著名表演指導李·史特拉斯堡在世時，總是告誡他的學生說：「從這一時刻到下一時刻，銀幕和舞臺上的每一秒種都是十分寶貴的，不要因為思慮著下一幕中會發生什麼，而浪費眼前的一瞬間。」

　　許多人因沉思於以往的歲月，或者現在還無暇顧忌的未來事件，而浪費了很多的時光。他們沒有意識到，現在比過去和未來都重要得多。正如一部電影是由一個又一個小小的鏡頭構

成的一樣，你的生命是數百萬個小小的時刻組成的，不要放棄了這其中的任何時刻。

小劉成績一直不太理想。當他正在上課的時候，他心不在焉，想著過去或未來的事，他讓現在白白溜走了。

李太太決定到郊外散心，沉浸在大自然中，享受她的「現在」。然而，人還在森林，她的心思卻已飛到回家後要做的事——孩子、房子、工作、生活用品，應該怎麼做上去了。「現在」，被過去與未來的事所占滿，這樣一個難得的機會，卻無法在自然美景中享受現在的快樂，反倒失落殆盡。

趙先生正在看一本書，準備考試。突然他發現，他只看了三頁，而心思早已飛上九重天。雖然眼睛盯著第三頁，其實他的現在已被昨晚的電視劇情，或下星期的考試所占去了。

在當今社會中，「逃避現在」幾乎是一種病，我們不斷受到制約，為了「將來」而犧牲「現在」。我們把今天遺失在昨天和明天的想像中，這是因為太多人受到「昨日明日症候群」的糾纏。

美國著名記者朵樂蒂·狄克斯說得很好，她說，我曾走過貧窮與病痛的深谷，當人們問我，是什麼讓我熬過大家都會遭遇的苦惱，我總是回答：「我既然已經度過昨天，就能熬過今天，我不允許自己去想明天會發生什麼事。」

我們應該知道，我們不是活在過去的經驗裡，也不是活在未來的想像中，而是活在現在的事實裡。請記住，不要因為目

光注視天上的星光，而看不見你周圍的美麗景觀，就踩壞了在你腳下的玫瑰花。

　　珍惜現在，抓緊你生命的每一秒鐘，品嘗、享受它，你一定會比那些只會「瞻前顧後」的人，活得更美好、更充實。

64 分享所代表的榮譽，其他表現遠不能及

成功金言

卡內基說：「一個幸福多人分享，就變成了多個幸福。成功者熟知：獨享榮譽，會給他們的人際關係帶來危機。」

榮譽來到之時，不同的人會以不同的態度面對它。有些人就是見不得別人好，當別人獲得榮譽時就眼紅，不管他參與與否，總想去分一杯羹，你若不給，就說你的壞話，造你的謠言。所以，聰明的人能夠借榮譽之手，拉近與同事的距離，贏得尊重，獲得好的口碑；愚蠢的人當榮譽來到之時，則沾沾自喜，自以為是自己的功勞，獨享榮譽，結果為自己帶來了一系列的麻煩。

有一個在雜誌社工作的青年很有才氣，他所編雜誌很受歡迎，有一年還得了大獎。一開始他還很快樂，但過了一段時間，卻失去了笑容。原來是公司裡的同事，包括他的上司和屬下，都在有意無意間和他作對，他感到很煩惱。

而這位青年如此煩惱，原因是：他獲獎後，除了上級機關頒發的獎金之外，老闆另外給了他一個紅包，並且當眾表揚

了他的工作成績。但是他並沒有在現場感謝上司和屬下們的協助，更沒有把獎金拿出一部分請客，大家雖然表面上沒有說什麼，但心裡卻覺得不舒服，所以就和他作對了。

而實際上，這份雜誌之所以能獲獎，這位青年貢獻最大，但是當有「好處」時，別人並不會認為誰才是唯一的功臣，總是會認為自己沒有功勞也有苦勞，所以他獨享榮譽，當然就引起別人的不舒服了；尤其是他的上司，更可能因此而產生不安全感，害怕失去權力，為了鞏固自己的領導地位，自然那位青年就沒有好日子過了。

因此，當你在工作上有特別表現而受到肯定時，千萬記住：不要獨享榮譽，否則這份榮譽會為你帶來人際關係上的危機。

為了避免這份榮耀給你帶來麻煩，有幾件事你必須做。

- 感謝同事的協助。不要以為這都是自己的功勞，尤其要感謝上司，感謝他的提拔、指導、授權。如果事實上是如此，那麼你的感謝本來就應該，如果同事的協助有限，上司也不值得恭維，你的感謝也有必要，雖然虛偽，但卻可以讓你避免成為箭靶。

- 分享這個榮譽。這種分享可以無窮地擴大範圍，反正禮多人不怪，這是一種實質的分享，別人倒也不是要跟你分一杯羹，但是你主動的分享卻讓旁人有受尊重的感覺，如果你的榮耀事實上也是眾人協力完成的，那麼你更不應該忘記這一點。

· 保持謙卑。人往往一旦有了榮耀，就自我膨脹地忘了自己
是誰，這種心情是可以理解的，但旁人就遭殃了，他們
要忍受你的氣焰，卻又不敢出聲，因為你正在風頭上；可
是慢慢地，他們會在工作上有意無意地牽制你，讓你碰釘
子。要避免這些就要努力做到兩點：第一，對人要客氣，
榮耀越高，頭越要低；第二，別再提你的榮耀。有了榮耀，
更要謙卑。

其實不要獨享榮耀，說穿了就是不要威脅到別人的生存空
間，因為你的榮耀會讓別人變得黯淡，產生一種不安全感，而
你的感謝、分享、謙卑，正好讓旁人吃下一顆定心丸，人性就
是這麼奇妙複雜，你要熟知。

65 讚美狂歡夜，時時刻刻溢出感謝

成功金言

凱雷說：「我之所以成功，就在於我能從人們身上找出兩種差別迥異的典型個性，以及他們所嗜好的虛榮。有許多人喜歡聽到相反的話，還有些人喜歡人們誇獎他聰明絕頂。」

讚美和鼓勵，是引發一個人體內潛能的最佳方法。肯·布蘭查德——《一分鐘管理》的作者，他推薦大家使用「一分鐘讚美」，「抓住人們剛好做對了事的一剎那」。你經常這麼做，他們會覺得自己稱職，工作有效率，以後他們很可能不斷重複這些來博得讚美。

某個街道新開設的店都裝上了自動門，可是附近有一家超級市場卻沒有裝設。

有個小男孩在每天早晨和下午，太太們都去買東西的時候，他常常站在超級市場的玻璃門外，看到手裡大包小包拿了好多東西的太太，就替她們拉開大門，讓她們從容地走出來。

有一次，有位太太問那小男孩：「你看門看了這麼多日子，

一定得到了很多小費吧。你拿來做什麼用？」

那小孩有點詫異地回答：「什麼？ 她們都沒有給我錢，可是她們都對我說：『你好棒！』『謝謝你！』」

卡內基說：

「讓我們不再去想自己的成就和自己的需求。讓我們試著去想別人的優點。然後忘掉恭維，發出誠實、真心的讚賞。稱讚要真誠，讚美要慷慨，這樣人們就會珍惜你的話，把它們視為珍寶，並且一輩子都重複它們 —— 你已經遺忘後，還重複著它們。」

愛、稱讚、感謝都應該說出來，讓對方知道，如果你以為只放在心裡就行了，那就錯了。

有一對法國夫妻，丈夫每天早晨有邊吃早餐邊看報紙的習慣。有一天，當他又叉起食物往口中放的時候，覺得不像往常，趕快吐了出來，拿開手中正看著的報紙仔細一看：竟然是一段菜梗。他立刻叫妻子過來。

妻子說：「喔！ 原來你也知道火腿和菜梗不同啊！ 我為你做了二十年的火腿，從不曾聽你說過一聲，我還以為你食不知味，吃菜梗也是一樣呢。」

可見，沒有表達出來的愛，是沒有人知道的。

我們都需要別人的承認與鼓勵，沒有一件事比得上別人所給的讚美更重要。讚美能滿足他們的自尊，也能贏得他們對你的尊重。

今天你以朋友相待的送報員，說不定哪天就成為一名醫師。當你生病，由他來診治時，你就會發現：肯定別人，也就扶持了自己，結果每一個人都是贏家。

你是否注意到，我們通常只會在別人身後稱讚他們？為什麼要在身後？為什麼不會當面告訴他們？人過世後，他的每一個親朋好友似乎才能覺得他有某些優點，才醒悟到他是應該被稱讚的呢？

讚美就像澆在玫瑰上的水。讚美的話並不費力，卻能成就大事。你要下定決心對你的親人、朋友，甚至每一個人表達感謝，並把它變成一種習慣。

說句好話輕而易舉，只要幾秒鐘，便能滿足人們內心的強烈要求，注意看看我們所遇見的每個人，尋覓他們值得讚美的地方，然後加以讚美吧！

66 培養你的幽默感，讓身邊人會心一笑

成功金言

俄國文學家契訶夫說：「不懂得開玩笑的人，是沒有希望的人。具有幽默感的人，生活充滿情趣，許多看來令人痛苦煩惱之事，他們卻應付得輕鬆自如，從而使生活重新變得趣味盎然。」

幽默是人際溝通的潤滑劑，幽默是一個人在現代社會生存和發展的必要條件。人生路上，總會有點不如意，總會有點無奈，而幽默這種特殊的情緒表現，可以淡化人的消極情緒，消除沮喪和痛苦，讓我們脫離尷尬的窘境，讓我們的心態在沉重的壓力下得到鬆弛和休息。

幽默是一種修養，是人品的修養。在我們遇到不順心的事或不好對付的人時，不妨笑一笑，或是來點幽默，不要把它看得太嚴重，不要自尋煩惱，自我折磨。

幽默是一種藝術，是運用你的幽默感來增進人際關係，深化對自己的了解和真誠地評價他人的一種藝術，它可以使我們從自我封閉中走出來。

　　曾經有一位畫商拿著畢卡索早期的畫作，請求他鑑定是不是他畫的。畢卡索瞄了一眼後，說道：「這是一幅假畫。」畫商大吃一驚，支吾地問：「這難道不是您畫的嗎？」「是啊！這是我親自作的假畫！」

　　有一個人從俄亥俄州來拜訪林肯總統時，外面正有一隊士兵停在門外，等著林肯訓話。林肯請這位朋友隨他外出，並繼續和他交談。但是，當他們走出來時，軍隊齊聲歡呼起來。那位朋友這時應該要看狀況就退開，但是他並沒有這樣做。於是，一位副官走到那人面前，囑咐他退後幾步，他這時才發現自己的失態，窘得滿臉通紅。但是，林肯卻微笑著說：「白蘭德先生，你得知道他們也許分辨不出誰是總統呢！」在那難堪的一瞬間，林肯用他的幽默化解了這窘迫的局面。

　　每個人都可變得幽默，它不是天才、高智商、喜劇演員的專利。只要你常看一些笑話故事、歇後語，學習讓嘴角向上翹，換個新鮮角度欣賞事物，就能學會幽默。

　　你做愉快的事情、說愉快的話，就會把歡樂散布到四周。如果你為別人做了一件好事，那麼你也治癒了自己，因為歡樂是一劑良方，能超越一切障礙，也會伴隨你成功。

　　生活中有了幽默，生活才更有味道。一位作家說：「幽默是一種酸、甜、苦、辣、鹹混合的味道。它的味道似乎沒有痛苦和狂歡強烈，但應該比痛苦和狂歡還耐嚼。」

67 樂於承認錯誤，改變的重要關鍵

成功金言

海明威說：「人家批評你的錯誤，那是對你的友愛和幫助，你應該自我檢討一番。」

古希臘哲學家蘇格拉底說：「沒有經過反省的生命，是不值得活下去的。」有迷才有悟，過去的「迷」，正好是今日「悟」的契機，因此經常反省，檢視自己，可以避免偏離正道。

聖經裡有一則這樣的故事：對基督懷有敵意的巴里塞派人，有一天將一個犯有姦淫罪的女人帶到基督面前，故意為難耶穌，看他如何處置這件事。如果依教規處她以死刑，則基督就會因為殘酷之名被人說三道四，反之，則違反了摩西的戒律。基督耶穌看了看那個女人，然後對大家說：「你們中間誰是無罪的，誰就可以拿石頭打她。」

喧嘩的群眾頓時鴉雀無聲。基督回過頭告訴那個女人，說：「我不定妳的罪，去吧！以後不要再犯罪了。」

此則故事告訴我們的是：當要責罰別人的時候，先反省自己是否曾經犯錯。

第四章
壞習慣讓你與成功擦肩而過

美國總統亞伯拉罕·林肯誠懇地說過：「我相信自己絕不至於老到在沒有說話時，仍能大言不慚。」

他隨時願意認錯的個性，讓他贏得了共事者的尊敬和親善。當他在南北戰爭中對葛宋將軍的挺進方向判斷錯誤時，立刻寫信說：「我現在想私下向您承認，你對了，我錯了。」

有一位知名教授說：

「如果我對一件事情的處理方法不奏效，那麼我相信我一定還有許多東西還沒學會，可能我需要求助於別人，或是事情的後續發展會告訴我如何解決。不管如何，我首先得承認自己的錯誤，然後才能找到答案。」

所以，懂得反省的人，才有自我超越的可能。

有個故事說，有兩個人因為偷羊被捕，得到的懲罰是在他們兩人的前額烙上兩個英文字 ST，是「偷羊賊」（Sheep Thief 的縮寫），然後放了他們。

其中一人受到這種羞辱，就躲藏到了外地，可是碰到的陌生人，仍舊不停地問他這兩個字母究竟是什麼意思，為此他痛苦不堪，終於抑鬱而終。

另一個人說：「我雖然無法逃避偷過羊的事實，但我仍舊要留在這裡，贏回別人對我的尊敬。」

一年一年過去，他又重新建立起正直的名譽。

有一天，有個陌生人看到這位老年人頭上有兩個字母，就問當地人，這到底是什麼意思。

當地人說：「他的額頭上有兩個字母，已經是多年以前的事了，我也忘了這件事的細節。不過我想那兩個字母是『聖徒』（Saint）的縮寫。」

正如卡內基所說：「若能抬起頭承認自己的錯誤，那麼錯誤也能有益於你。因為承認一個錯誤，不僅能增加周圍的人們對你的尊敬，而且將增加你自己的自尊心。」

68 寬容是一種智慧，但大多數人不具備

成功金言

英國詩人白朗寧說：「寬恕為美，淡忘為佳。」

憎恨源自於過去不愉快的記憶，我們之所以要記住過去的傷痛，就是要努力防止自己再度受到傷害，但是一旦強硬將過去加諸於現在，你便永遠無法抹去傷痛的威脅。

外在的世界反映出你內在的真實自我。你最愛的人以及你最恨的人，都是你內心世界的投射；你最厭惡的人、事、物，也就是你最討厭你自己的那一點；你最喜愛的人、事、物，也就是你希望自己具備的東西。將這種「反映」的關係當成一面鏡子，用它來指導你的心性，當你撫平敵對的情緒時，你的舊傷也就自然痊癒。

法國有句諺語：「了解一切，就會寬容一切」。的確如此，愈了解人性的弱點，就愈能體諒別人所犯的錯誤；愈清楚社會競爭的本質，就愈能心平氣和看待自己的失意；愈知道自己厭惡的本性，就愈能不受過去的傷痛所左右。明白事情的前因後果之後，卸下憎恨的包袱，你會覺得輕鬆得多。

做一個肯理解、容納他人的優點和缺點的人，才會受到他人的歡迎。

有位名人說過這麼一句話：「誰若想在困頓時得到援助，就應該在平時就待人以寬。」

就是說，要接納、團結更多的人，在順利的時候一起奮鬥，在困難的時候共患難，進而增加成功的力量，創造更多的成功機會。反之，相容度低，則會使人疏遠，減少合作力量，人為地增加阻力。

「原諒別人，才能釋放自己。」藉著寬恕，你釋放了牢裡的犯人，而那個犯人，可能就是你自己。一旦你能夠讓往事成為過去，原諒一切，你的生命將會為你打開新局面。

芝加哥人茅譚在林肯競選總統期間頻頻發出尖刻批評。林肯當選之後，這位芝加哥人茅譚正要走過通道，雖然茅譚曾大聲辱罵過林肯，林肯卻仍然很有風度地說：「你不該站在那裡，你應該過來和我站在一起。」

每個在歡迎會上的人都親眼目睹林肯賦予茅譚的榮耀，也正因為如此，茅譚成為林肯最忠誠、最熱心的支持者。

當別人傷害了你時，你應該記事情，不應該記仇。記事有前車之鑑，不記仇可以忘憂。

你傷害了別人時你也應該記事情，更應該反省。記事知警惕，反省能補過。

正如「笑彌勒」給人的印象：「大肚能容，容天下難容之事。」若如此，則「眼前一笑皆君子，座下全無礙眼人」了。

人家傷害你時，能立刻反躬自省、修身自潔的人，是聖者；人家傷害了你時，只一笑置之、泰然自若的人，是聖人；人家傷害了你時，卻為對方找理由而予以原諒的人，是君子；人家傷害了你時，義憤填膺，隨時存在報復之念的人，是小人。

寬容他人，就是為他人也為自己開啟許多扇門，也可以滋潤自己和別人的靈魂。

69 勇於自我解嘲，瓦解雙方尷尬

成功金言

　　艾德‧沙利文說：「如果你為別人做了一件好事，那麼，同時你也振奮了自己，因為歡樂是一帖精神興奮的良方，它能超越一切障礙。」

　　海利‧福斯蒂說：「不論你想笑別人怎樣，先笑你自己吧。」自嘲，是幽默最常見的方式，也是培養幽默感的第一步。一個人能嘲笑自己，常常給別人帶來無限的歡樂。

　　任何人都有缺點和不足，但若能時常帶著洞察力，自我謙抑、自我嘲笑，來襯托出他人的優越感，讓人哈哈一笑，則是大智若愚的表現。

　　自嘲，或是開一下自己的玩笑，一方面可以活躍氣氛，另外還可以脫離自卑。當然，當你想說笑話，或者造一句妙語、一則趣談時，最安全的目標莫過於你自己。如果你笑的是自己，誰會不高興呢？所以，「自己先笑自己，總比被人取笑要好得多」。

　　因為以自己為笑的對象，可以解開誤會，去除錯誤，擊倒失敗，重振士氣。學習去看你自己行為有趣味的一面，你會獲

得自尊，因為你能寬容自己的小錯誤或缺點。另外，你還給人一個好榜樣，證明笑談自己可以增進自信心。因為你有勇氣笑自己，讓其他人也感到能自在地笑他自己。而且當你與他人一同笑的時候，你不會傷害他，也不會讓他不悅 —— 因為你已經證明，你是個能與他共歡笑的人，而不是在一旁取笑批評他的人。

以輕鬆的態度面對自己，而以嚴肅的態度面對人生。否則，我們就有煩惱了。不成熟的個性常常在於將自己視為世界的中心，而成熟者則和群體有和諧的關係。

當你發展出可以妥善處理大小失誤的能力時，你在心理上就日趨成熟。當然，對小錯誤比較容易處理。例如你把早餐的麵包烤焦了，或甚至將晚餐燒焦了，你都能夠一笑置之，重新準備一餐。但是如果你錯過了升遷的機會，或者坐失發財的良機，就更需要你將眼前的失誤拿來和人生的終極目標作一個比較。就長遠來看，你還是有機會達到成功的，不要在意眼前這一點點的失利。

讓人歡笑，讓人快樂，做愉快的事，說愉快的話，你就會把歡樂散布到四周。當你學會如何笑自己時，你會發現你已經掌握了這種能力。別人能接受你，欣賞你，認為你是個開得起玩笑的人，特別是以那些自己為開玩笑的對象時。

你自己也需要體貼自己。開自己的玩笑，要和自賤區別開來。讓你的幽默具有人性，謔而不虐。

　　美國著名演說家羅伯特，頭禿得很嚴重。在他過 60 歲生日那天，有許多朋友來給他慶賀生日，妻子悄悄地勸他戴頂帽子。羅伯特卻大聲說：「我的夫人勸我今天戴帽子，可是你們都不知道禿頭有多好，我是第一個知道下雨的人！」這句嘲笑自己的話，一下子使聚會的氣氛變得輕鬆起來。

　　林肯長相醜陋，可是他不但不忌諱這一點，相反，他常常詼諧地拿自己的長相開玩笑。在競選總統時，他的對手攻擊他兩面三刀，操作陰謀詭計。林肯聽了指著自己的臉說：「讓大眾來評評理吧，如果我還有另外一張臉的話，我會用現在這一張嗎？」還有一次，一個反對林肯的議員，走到林肯面前挖苦地問：「聽說總統您是一位成功的自我設計者？」「不錯，先生。」林肯點頭說，「不過我不明白，一個成功的自我設計者，怎麼會把自己設計成這副模樣？」

　　人的一生，誰都難免會有一些失誤，誰的身上都難免會有缺陷，誰都難免會遇上尷尬的處境。有的人喜歡遮遮掩掩，有的人喜歡辯解。其實越是遮遮掩掩，心理越是失去平衡；越是辯解，卻會越辯越醜，越描越黑，最佳的辦法是學會嘲笑自己。

70 推崇簡潔的生活，就是這麼輕巧！

成功金言

梭羅說：「奢侈與舒適的生活，妨礙了人類的進步。最明智的是，外表雖然窮困，內心生活卻再富有不過。」

複雜的現代社會，到處都充滿著新奇和流行的事物。

一部手機，光是功能和樣式就有好幾十種。化妝品也是五花八門，有洗的、抹的，還有敷的。

每個人都忙著向外看，卻不曾靜靜地傾聽著自己的心是怎麼跳動的。

梭羅有一句名言感人至深：「簡單點，簡單點！」

他發現當他生活上的需求簡化到最低的程度時，生活反而更充實。因為他已經無需為了滿足那些不必要的欲望而使心神分散了。

生活愈簡單，生命愈豐富。的確，由於崇尚簡單，使我們能從物欲的泥沼中掙脫出來，不被世俗的名利所牽累，領會到寬廣明淨的心靈境界和樸質無私的開闊胸懷。

身無長物，則無牽無掛，而心中少事，人則是優哉優哉。

一位教授曾在半年內遭盜竊 3 次，之後他說：「我們怕被偷、被搶，直到一些值錢的東西越來越少，我才領悟，家徒四壁已經沒有東西可以被偷，反而心安理得，無牽無掛。」

孔子也極為推崇簡樸生活，他曾稱讚顏回說：「一簞食，一瓢飲，在陋巷，人不堪其憂，回也不改其樂，賢哉回也。」

少一點就是多一點。試著想想簡單是多麼迷人：一束放在牛奶瓶裡的漂亮水仙；穿透於玻璃的閃耀陽光；一杯茉莉花茶的芳香與甘醇。

許多人不懂得注意這一點，本末倒置。當我們汲汲營營的想把生活包裝得更耀眼豐富時，常常忘了生活本質的主體是「人」。回歸本心，質樸簡單的生活才能品味人生。失去了「人」的原汁，又能品出什麼味呢？

不要忘記梭羅的話：「簡單點，簡單點！」

凡事應該講求簡潔，直截了當，切中要害。簡潔既是一種機敏，也是一種智慧。寶石的價值不在於他的重量，再堅固的岩石也抵擋不住。涓涓細流般的娓娓勸說，我們可能過耳猶忘，不留痕跡，但換成一聲獅子吼，卻有摧毀腐朽、滌蕩一切的力量。

希拉斯·菲爾德對來訪者說，「時間寶貴，準時、誠實、簡潔，應該是我們一生的座右銘。不要寫長信，誰都不會有時間看的。如果想說什麼，就簡單明瞭地說出來。再重要的事務，

一張紙就可以說清楚。有一次我突然需要給英國發一封重要的信函。我知道首相和女王會讀到我的信，我用了幾頁把我想說的話寫完，然後不停地修改，讓句子盡可能簡短，一共改了20遍，最後我只用一頁紙就把問題都寫清楚了。然後我寄了出去，不久就收到了回答。當然，這是個很令人滿意的回答。不過，你們想過嗎，如果我的信寫上五、六頁，事情還會那麼順利嗎？不，不會。簡潔是一份厚禮啊。」

英國詩人騷塞說過：「如果你希望自己的話語能夠有影響的話，就應該盡可能地簡潔。語言也像陽光一樣，越是濃縮集中，越容易把別的東西點燃。」

由此可見，簡潔是一種備受人們推崇的習慣。簡潔無異於提高了「效率」。

71 開發一種有益的興趣愛好

　　愛迪生說：「興趣是最好的老師，興趣愛好能成就大事。」

　　我們應該有事業，同樣生活中也應該有興趣愛好，如果事業是生活的主色，毫無疑問的興趣愛好就是不可缺少的輔助角色。

　　愛好是在興趣的基礎上產生的。像是一個人對某項活動發生了興趣，就會產生參與這種活動的動機，繼而參與這項活動，在活動中他感到有趣，於是就產生了對這項活動的愛好，這一過程可以這樣表示：興趣→動機（行為）→興趣→愛好。

　　一個人在自己的生活裡，有沒有興趣愛好，是大不相同的。懷有濃烈的興趣愛好，可以感受到生命的可貴可愛，可以化為精神的歡悅，反之，是難尋生活的樂趣。

　　興趣是一個人充滿活力的表現，也是一段時間專注於某一項或幾項活動的表現；愛好是興趣持久發展的動力，是成家立業的基礎。

　　興趣愛好，可以讓人感受到生活的「七色」，增加生活的樂趣。生活猶如大海，有時波浪滔天，有時風平浪靜；有時是陽光明媚的晴天，有時又是布滿烏雲的雨夜。在生命的旅途中，有一些興趣愛好，可以放鬆自己，起到調劑精神的作用。

　　興趣愛好，有助於事業的成功。世界上有許多作出傑出貢獻的偉人，不少是從興趣開始的。

　　濃厚的興趣，讓達爾文把甲蟲放進嘴裡；讓魏格納一生中去 4 次格陵蘭探險；讓達文西不顧教會的反對連續解剖許多屍體；愛因斯坦在四五歲時，就對指北針產生興趣，他長時間玩弄它，心想那個小針為什麼總是指著同一方向，他還能一次又一次不厭其煩地堆積木，直到把又高又尖的「鐘樓」搭好為止。正是這種濃烈的興趣和其伴隨而來的思索、追求，使他成為近代偉大的物理學家。

　　著名學者郭沫若曾經說：「興趣愛好也有助於天才的形成。愛好出勤奮，勤奮出天才。興趣能使我們的注意力高度集中，從而讓人們能完善地完成自己的工作。」

　　牛頓就是從一顆蘋果落地，發現了萬有引力定律的。

　　日本著名企業家土光敏夫，在他《經營管理之道》一書中寫道，能否成為一個有作為的企業家，「關鍵之一在於你是怎樣度過業餘時間」。由此可見，興趣能把人引入某一專門知識的深層領域，可以把人引向偉大事業的輝煌巔峰。

　　興趣愛好，給人們帶來娛樂、友誼和知識。譬如愛好收集

古董的人，常常要為新的古董找到一個存放的地方，查閱書籍進行一番考證等等。把自己收藏的古董拿出來觀賞，也是一大樂事。再如，蒐集郵票，當你欣賞郵品時，就會從中得到知識和啟迪。有了興趣愛好，就有了和人交際的「觸點」，興趣廣泛，接觸的媒介就多，因此能夠結識了與自己有同樣愛好的人，彼此交流就多一個朋友。在與朋友們的交際中，一個人會開闊視野，擴大知識面，使情感有所寄託。

興趣愛好，還能促使你健康。興趣能萌發積極因素，愛好能使心理平衡。不論哪種愛好，它總能對身體的某一部分機能產生積極的影響。

既然興趣愛好有如此多的裨益，那麼你說生活裡能缺少興趣愛好嗎？

作為愛好，每個人可以完全按自己的意願去選擇。我們主張愛好要正當健康，益智養性，有情有趣，能有利於身心健康，啟迪自己的智慧和才華，培養良好的品行，陶冶性情，磨練意志，可以成為生活主旋律中一個動人的篇章。

72 良好睡眠，每一天都和和美美

列寧說：「不會休息就不會工作。」

工作、學習之餘，走進大自然，走進藝術畫廊，會讓我們獲得一種輕鬆愉悅的心境，會使神經系統得到調節、周身舒適，非常有益於身心健康。

我們必須感覺到有一種比我們大很多的力量，一直照顧我們到天明。醫學界一位著名博士在一次演講中，就特別強調這一點。他說：「從我多年行醫的經驗裡發現，讓人入睡的最好辦法之一就是祈禱。我這樣說，純粹是以一個醫生的身分來說。對有祈禱習慣的人來說，祈禱一定是鎮定思想和神經最適當也最常用的方法。」「託付給上帝，然後放鬆你自己。」

但是如果你不能這樣輕鬆解決問題的話，你可以用另外一種方法來學著放鬆你自己。大衛·哈羅·芬克博士在《消除神經緊張》一書中提出一種最好的方法，就是和你自己的身體交談。芬克博士認為，語言是一切催眠法的關鍵，如果你一直沒有辦法入睡，那是因為你自己「說」得使你自己得了失眠症。唯一的解決方法，就是要你從這種失眠狀態中解脫出來 —— 你的做

法是向你身上肌肉說：「放鬆，放鬆 —— 放鬆所有的緊張。」

良好的睡眠習慣能帶給我們愉快的心情，充沛的活力。另外，我們知道，小睡片刻對身體很好，許多研究結果顯示，習慣在午休時間小睡一下的人，醒來之後精神壓力比不睡的人少得多，警覺性也會提高不少。

所以，每當我們覺得昏昏欲睡時，為什麼還要心懷罪惡感呢？為什麼我們還會覺得打盹就是懶惰、降低工作效率呢？

除了正常睡眠以外，偶爾還會有愛睏的現象，就表示身體正在發出警告：「該停下來好好休息一下了。」這時的你，就應該正視身體發出的訊號，趕緊找時間補一下睡眠。

多數人總是把「休息是為了走更遠的路」掛在嘴邊，但碰到真正休息時卻不願休息、不敢休息。為什麼？

因為體力充沛時，總是認為自己有用不完的精力，該做的事等一下再做還來得及，先放鬆享受，做了很多不重要的，或甚至是浪費生命的事。等到真想做些重要的事情時，睡魔就悄悄地靠近你了。

這時的你，當然不敢休息了。是不是？

昨夜你在做些什麼？因為緊湊的劇情讓你沒有了睡意，所以你為了一齣好看的電視劇情而熬夜到凌晨，那麼早上的會議裡，你當然不斷恍神了。本來應該善用時間做好計畫書，你卻花了一整個上午在玩手機遊戲，在電腦桌前坐了一上午，下午當然提不起精神了。

　　也許你應該向那些不時地小睡，而工作效率又很高的人多學一點。舉例來說，邱吉爾、愛迪生等。

　　他們用最清醒的時間進行最重要的事，處理完之後，就讓自己徹底休息，醒來後當然又是生龍活虎了。

73 正確思考，事半功倍

成功金言

愛默生說：「當上帝釋放一位思想家到這個星球時，大家就得小心了，因為科學的神話將會發生變化；所有的文學名聲以及所有所謂永恆的聲譽，都可能會被修改或指責。」

決定我們人生的順逆不在於遭遇的環境，而在於我們決定要如何去面對。

人生最為要緊的因素便是「決定」。不妨想想看，你在人生中所遭遇的順境或逆境有哪個不是跟決定有關？當你作出決定的那一刻，人生就已經注定好了。

無論何時，都有 3 個必須做決定的要素主宰著我們的人生，它決定了日後我們的成敗。這 3 個要素分別是：

· 你決定要怎麼看。

· 你決定要怎麼想。

· 你決定要怎麼做。

每一個決定都必須以現實為依據，而不是基於「它應該是」

或「我希望它是」之類的觀念。

　　你是否做過錯誤的決定？有位年輕人問銀行總裁：「請問您是怎麼會有今天的成就的？」

　　「5 個字。」

　　「哪 5 個字？」

　　「正確的決定。」

　　年輕人好奇地追問：「您是怎麼做出正確的決定的？」

　　「兩個字——經驗。」

　　「您又是如何取得經驗的呢？」

　　「5 字。」總裁不疾不徐地回答：「錯誤的決定。」

　　成功的人也可能做過錯誤的決定。如果你問他：下的決定是錯的時候怎麼辦？他會告訴你，他會照錯誤的決定去做，然後再下一個正確的決定來修正。

　　雖然，做任何決定都不是很簡單，但是做決定總比不做決定好。這就好像你走在大馬路中間，你一定要決定靠右邊或靠左邊走，決定錯了還可以再修正，但是不做決定，就好像一直走在馬路中間，危險隨時都會降臨。

　　當你猶豫不決時，絕不要求教於胸無大志的人，因為他只會叫你放棄，會用失敗當理由，反對別人去做他曾經做過的事——千萬別這麼做。

　　更何況，你真的沒有理由不主宰自己的命運。重新開始不難，難的是下決心。一旦下定決心，你會發現：前途似乎充滿

希望。知道自己要往哪裡去的人，總是福星高照。

尼采曾說：「一個有強烈決心的人將無所不能。」改變不成，通常不是能不能的問題，而是願不願意改的問題。

如果你真心想這麼做，那麼就沒有什麼能夠難倒你。如果你不喜歡目前的個性，改變它；如果你不喜歡目前的工作，換掉它；只要你對自己任何方面不滿意的話，都可以改變它；不過先得下定決心，這樣的人生才能改變。

我們將許多潛能白白浪費掉，只是因為我們從未嘗試去使用它，就好像電池放太久就會沒電，肌肉長期不用就會萎縮。而作決定的「肌肉」也是如此。

想要從你的思想中得到豐收，你必須付出努力和投入各項準備工作，這些工作的安排和執行就是正確思考的結果。

所有計畫、目標和成就，都是思考的產物。你的思考能力，是你唯一能完全控制的東西，你可以有智慧，或是以愚蠢的方式運用你的思想，但無論你如何運用它，它都會顯現出一定的力量。

沙克的正確思考，讓他發明了小兒麻痺疫苗。馬歇爾的正確計畫，使他得以振興經過希特勒蹂躪後的歐洲經濟。

要知道，你任何時候所做出的決定，都可能改變自己整個人生。

74 再怎麼著急，結果都不會改變

成功金言

　　法國戲劇家安德列‧紀德說：「一切的缺乏中最可悲的缺乏而且是隱而不顯 —— 那就是性格的缺乏。」

　　可以說，生活中，許多人都有遇到事情就會慌張的不良習慣，以至於許多事情在慌亂中搞砸。遇事不慌，得有一個心理的不斷完善過程。情緒的掌控，是每個人在經歷過許許多多的事情後逐漸調節培養的結果。但凡遇事不慌者，都是一些經歷過許多磨練的人。

　　成大事的人都懂得「鎮定」，面對突然變故，仍然鎮定自若。他們懂得，不能慌，慌就無法思考應付變故的措施辦法。如果他們慌了，那麼周圍的人更沒有主見，那就慌成一團了。

　　如果你感到慌張，你的大腦就失去了正常的思考能力，你就會丟三落四，語無倫次。這種時候，你要放慢你的動作和節奏，並在心裡說：「不要慌！千萬不要慌！」動作和語言的暗示會讓你慢慢鎮定，你的大腦就會恢復正常的思考，以應付眼前發生的事情。

　　無論在任何場合，如果能夠保持從容不迫、順應自然的心態，那麼，任何事情都能應付自如。

　　布蘭基‧李是棒球隊的監督，他曾說：「不論選手的打擊率多高、防守多強、跑壘速度多快，如果他心中存有過於強烈的責任感，我就會考慮淘汰他。」

　　「因為，若要成為大聯盟的選手，本身必須有相當的實力，每一個動作不但要正確，更要以從容輕鬆的心情控制肌肉的運轉，這樣，所有的肌肉與細胞才會富有韻律與彈性，在瞬間爆發的關鍵時刻，才可以隨心所欲地接球或是揮棒。」

　　「如果心裡非常緊張，無法鎮定下來，連帶著全身的肌肉也一定會跟著緊繃，一旦遇到重大場面，根本無法順利地完成應有的動作。當對方的球拋過來時，你的自身神經緊縮，又怎麼能夠打好球呢？」

　　「下面我要敘述一件很早以前的事。泰卡普先生（偉大的棒球選手）在世界棒球錦標賽中，曾一口氣打出四支全壘打，目前他仍是世界紀錄保持者。後來他把那支偉大的球棒給了我的朋友。有一天，我有幸拿起這支球棒，並以極其敬畏的心情擺出正式球賽揮棒的姿勢，當然那種擊打的樣子絕對無法與泰卡普相提並論。」

　　「不出所料，一位曾擔任美國二流職業棒球隊員的朋友說：『老兄，泰卡普並不是以這個樣子打球，你太緊張了，一心想打出全壘打的成績，結果一定是慘遭三振出局的命運。』」

「的確，我曾經親眼看過泰卡普上場揮棒的姿勢，真是美不勝收。他的人與球棒自然地結合為一體，以充滿韻律的動作，輕鬆自如地上場，當時我還為此震驚不已！他完全了解放鬆自己的道理。」

透過這則棒球隊監督敘述的故事，不難明白這樣一個道理，以從容不迫的心態去從事任何事情，你都會順利完成。

有些沒見過大場面的人，一到人多的地方就會全身不自在。克服這種心理習慣的方法是把所有的人當朋友，點點頭，打聲招呼，別人自然會致意回應。雖然他可能永遠也無法想起在哪裡認識你，但是你卻因此消除了緊張。

要知道，只有冷靜才能保持心緒的平靜，如果你的心緒平靜如水，你的思路就會清晰有序，做起事來才會鎮定自若，從容不迫。

我們如果仔細分析那些工作效率高的人，會不難發現他們都是以最積極而從容的心態進行工作的，因此他們可以充分發揮自身最大的潛能。

第五章

燃燒鬥志！別被同溫層蒙蔽雙眼

　　你現在的不如意、逆境、挫折乃至苦難都是你的財富！人們常說，苦難是最好的大學，古今中外，凡成就大事業者，沒有一個不是從苦難中走來的。

75 勇於接受挑戰，別乾坐冷板凳

成功金言

達爾文說：「幸運喜歡照到勇敢的人。」

在懦夫的眼裡，做什麼事情都是危險的；而熱愛生活的人，卻總是蔑視困難，勇往直前。

《向你挑戰》一書的作者廉·丹佛指出：

「可以說，冒險是一切成功的前提。沒有冒險者，就沒有成功者。冒險越大，成功越大（當然這是有條件的）。冒險是成功的開始，一個對什麼都沒有興趣、熱情而安於現狀的人來說，冒險是唯一可以解救他的東西；對於一個小有成就的人來說，冒險會使他的投資更加贏利（冒險本身就是一種投資）。當然我們不能認為冒險就會成功（因為這其中還有很多問題），但敢肯定那些連騎馬都學不會或不敢報考學位的人是沒有前途的。」

不敢接受挑戰的人，已經被戰敗。

一個房產開發商多次冒險投資都以贏告終，開發商說，他之所以屢屢得手，主要是他勇於冒險。他在選擇一個投資專案時，如果別人都說可行，這就不是機會嗎？別人都能看見的

機會不是機會。他每次選擇的都是別人說不行的專案，只有別人還沒有發現而你卻發現的機會才是黃金機會，儘管這樣做冒險，但不冒險就沒有贏，只要有 50% 的希望就值得冒險。

可以說，沒有一大批冒險家從事美國西部地區的開發，就不會有今天的美國。在中世紀的歐洲，不就有許多懷有新穎思想和見解的學者，因為缺少勇氣，而被神學禁錮了自己的創新成果嗎？如果沒有哥白尼、布魯諾那樣勇敢的科學家，荒誕的「地心說」不知要延續到何時。

而對於個人發展來說，冒險則成為通往強者的必由之路。在很多情況下，強者之所以成為強者，就是因為他們敢做別人不敢做的事情。

保羅‧蓋蒂是石油界的億萬富翁，在早期他走的是一條曲折的路。他求學的時候認為自己應該當一名作家，後來又決定要從事外交部門的工作。可是，出了校門之後，他發現自己被奧克拉荷馬州發展迅速的石油業所吸引，那時他的父親也是在這個方面發財致富的。石油業偏離了他的主攻方向，但是他覺得，他不得不把自己的外交生涯延緩一年。作為一名盲目開發油井的人，他想碰碰自己的運氣。

蓋蒂透過在其他開井人的鑽塔周圍工作籌集了資金，有時也偶爾從父親那裡借一點錢。年輕的蓋蒂是有勇氣，不是魯莽的。他從來沒做過因為一次失敗就足以造成難以彌補的事。他曾經好幾次冒險都徹底失敗了。但是在 1916 年，他碰上了第

一口高產油井，這個油井為他打下了成功的基礎，那時他才23歲。

是走運嗎？當然。但是蓋蒂的走運是他應得的，他做的每一件事都沒有錯。那麼蓋蒂是怎麼會知道這口井會產油呢？他確實不知道，儘管他已經收集了他所能得到的所有事實。「總是存在這一種機會的成分的，」他說，「你必須樂意接受這種成分；如果你一定要求有肯定的答案，那你就會捆住自己的手腳。」

世界的改變、事業的成功，常常屬於那些勇於抓住時機，適度冒險的人。有些人很聰明，對不可測因素和風險看得太清楚了，不敢冒一點險，結果聰明反被聰明誤，永遠只能「糊口」而已。實際上，如果能從風險的轉化和準備上進行謀劃，則風險並不可怕。

德國哲學家康德說，人的心中有一種追求無限和永恆的傾向。這種傾向在理性中的最直觀表現就是冒險。你的才華，你的能力，只有透過冒險，透過克服一道道難關才能鍛鍊和展現出來。而安於現狀不思進取的人、沒有危機感的人、不願參與競爭和打拚的人，則首先由於其思想意識的懶散而導致思維呆滯、反應遲鈍。

廉·丹佛說：「勇於冒險求勝，你就能比你想像的做得更多更好。在勇冒風險的過程中，你就能使自己的平淡生活變成激動人心的探險經歷，這種經歷會不斷地向你提出挑戰，不斷地獎賞你，也會不斷地使你恢復活力。」

　　茫茫人生，波詭雲譎，而未來的風景卻隱藏在迷霧中，向那裡出發，有坎坷的山路，也有陰晦的沼澤，深一腳淺一腳，雖然有危險，但這卻是在有限的人生中通往成功與幸福的捷徑。

76 冒險失敗，勝過一輩子平庸

成功金言

松下幸之助說：「不怕失敗，只怕工作不努力，態度不認真。只要你專於工作，即使失敗也會有心理準備，當再度從失敗中站起來時，心中一定已經獲得了有助日後成功的資料。」

當今的世界變幻莫測，偶爾的失敗難以避免，我們必須有勇氣應付面臨的一切。哈佛商學院的約翰·考科教授說：「我可以想像得出，在 20 年前董事會在討論一個高級職位的候選人時，有人會說：『這個人 32 歲就遭受過極大的失敗。』其他人會說：『是的，這不是個好兆頭。』但是今天，同一組董事會卻會這麼說：『讓人擔心的是這個人還未曾經歷過失敗。』」

比爾蓋茲在微軟公司經常冒著失敗的危險，他喜歡僱用犯過錯誤的人。「失敗代表他們肯冒險，」他說，「人們對待錯誤的方式是他們應變的指示器。」

1984 年，美國可口可樂公司授權塞爾吉奧·齊曼扭轉和百事可樂競爭引起銷售下跌的不利局面。齊曼的策略是改變可口可

樂的配方，以「新可樂」的商標面市，並對此大肆宣傳。然而，仍然沒辦法保住舊可樂的市場，他的錯誤從某種程度上講要歸咎於他的自負。

「新可樂」是自美國汽車市場失利以來損失最嚴重的新產品。僅 79 天，舊配方的可口可樂又回到了超級市場的貨架上。一年後，受挫的齊曼離開了可口可樂公司。

失敗，以及來自四面八方的中傷、蒙恥、破滅感，並沒有打垮齊曼。他是一位有勇氣面對解僱、降職以及某種程度的失敗，而最後又東山再起的人。7 年後，齊曼又殺回可口可樂公司。

當齊曼離開可口可樂公司後，他有 14 個月沒與公司的任何人交談過。他回憶：「這些日子是孤寂的。」但是他並沒有關閉任何門路。他和一個合夥人共同開創了一家管理顧問公司。在亞特蘭大的地下室裡，靠著一臺電腦、一部電話和一臺傳真機，他的公司運作起來。逐漸地，他的諮詢客戶發展到像微軟公司以及米勒釀造集團公司這樣的大公司。他的信條是：不落俗套，勇於冒險。

後來可口可樂公司甚至也來尋求他的建議。齊曼說：「我做夢也沒想到，公司會請我回去。」管理部門需要他協助整頓。「我們因為不能容忍失敗而喪失了競爭力，」可口可樂公司的總經理羅伯特‧格茲塔承認，「人只要運動就難免跌倒。」

馬丁‧塞爾格曼這位大學心理學教授，曾經對 30 間企業的

職員進行調查、研究。他說：「那些能從失利中扳回優勢的人是樂觀主義者，他們把失敗看成是永恆的，往往不能捲土重來。」

從人的根本意義來理解，冒險失敗勝於安逸平庸。轟轟烈烈地奮鬥一生，到頭來雖然失敗了，他的一生仍然是偉大的、壯烈的。

懼怕失敗，不冒風險，平平穩穩地過一輩子，雖然可靠，雖然平靜，雖然可以保住一個「比上不足比下有餘」的人生，但那真正是一個悲哀而無聊的人生，是一個懦夫的人生。其實最為可惜之處就在於，你自己葬送了自己的潛能。你本來可以摘取成功之果，分享成功的最高喜悅，可是你卻甘願把它放棄了。與其造成這樣的悔恨和遺憾，不如去勇敢地闖蕩和探索；與其平庸地過一輩子，不如做一個失敗的英雄。

為了更大的成功，別貪戀眼前的安逸和平穩。揚起你生命的風帆，頂著滿天烏雲，迎著驚濤駭浪，去進擊，去打拚，去展示你生命的根本意義，實現你生命的偉大創造。

77 讓榜樣的火箭帶你起飛

成功金言

戴爾‧卡內基說：「鼓舞人心的榜樣能向你展示什麼是可能的，並給你提供非常有價值的動機、力量和希望的源泉。」

放眼中外古今，許多成功人士都曾受到各種人的激勵：有歷史上的偉大領袖，也有在某個特定領域做出過傑出成就的人，甚至有小說和神話中的人物。

許多人透過讀書找到了自己最初的榜樣，有時這些書中的人物會成為他們一生的楷模。主持人歐普拉‧溫芙蕾的事蹟就是這種激勵作用的典型離子。奧普拉在童年時代就閱讀了男女英雄們的事蹟，並將這些故事裡的榜樣深深銘記在心。後來她說這些英雄人物就是為她提供了一扇「開放之門」給了她希望，而且讓她重新認識了自己的能力。

在健美界，里格是當時最優秀的人，阿諾德‧施瓦辛格在健美雜誌上發現了自己的榜樣，他夢想著自己也能擁有像是里格那樣發達的肌肉。阿諾德盡可能地學習里格的所有的東西，包

括他的訓練方法、飲食和生活方式。阿諾德知道里格的事情越多，模仿得也就越多，也就越認識到自己也能像是里格那樣成為健美明星。事實證明，他成功了。

作家和演說家克里斯多夫·海格提指出：

你可以建立一個你自己的「榜樣資料庫」。首先選擇 3 到 4 個能夠真正激發你的人。也許他們的夢想和你自己的夢想極其相似，也許他們遇到的障礙也是你最懼怕和擔心出現的。盡可能多地學習他們怎樣在艱難狀況下保持前進的步伐；以及他們是怎樣戰勝艱難險阻才實現他們的夢想的。找一些這些人的照片，把它們掛在你自我反省的地方。如果你沒有這樣一個地方，那就將照片掛在你辦公室裡或其他你能經常看到他們的地方。

可以說，當你面對挑戰或感覺灰心失望的時候，看看照片上的榜樣，他們也曾有過你相同的處境，而他們在艱難困苦的鬥爭中取得了勝利。如果他們能夠勝利，你也一定能！

78 激發好奇心，探索無極限

成功金言

拿破崙‧希爾說：「好奇心是換取勝利的子彈。」

如果一個人有強烈的好奇心，他就會不斷地變換策略，並且能夠摘到成功的果實。

永遠有一顆好奇心是成大事者的祕訣之一。但是自從懂事之後，我們就開始接受這樣一種早期社會教育 —— 父母和社會往往鼓勵我們要行事謹慎，要控制自己的好奇心；他們提倡辦事穩妥，反對冒險行事。

這種早期的教育往往給我們幼小的心靈造成了一種心理障礙，致使我們在許多方面不能達到自己的目標。回想一下那些流傳於世的偉人事蹟，我們無不驚嘆：他們都是那些勇於探索未知，並向未知作出挑戰的人。

著名發明家愛因斯坦就是一個畢生探索未知世界的人。他在一篇題為「我的信仰」的文章中寫道：

「我們所能經歷的最美好的事物便是神祕的未知。它是所有藝術和科學的真正源泉。」

第五章
燃燒鬥志！別被同溫層蒙蔽雙眼

　　其實，神祕的未知不僅是科學與藝術的源泉，也是人的發展與激情的源泉。然而，在現實生活中，許多人往往將未知與危險視為相同。他們認為，生活的目的不過是墨守成規、因循熟知的事物，因而他們總是希望知道自己走向哪裡。

　　愛迪生從小就成績不好，他的成長環境也非常糟糕，所以就有了磨練的機會。他 12 歲就要到火車上賣報紙，結果，火車上的工作人員因為趕他不走，就打了他一巴掌，沒想到耳朵被打到聽不見了。在這樣一個非常困苦環境下長大的孩子，他跟人家不同的地方在哪裡呢？就是他唯一最大的資產 —— 看到什麼都很好奇。

　　愛迪生好奇到什麼程度呢？他的老師每次買教具到教室，他一定打開來玩，來看看，來探索，問題是看完、玩完之後裝不回去。所以他的老師很頭痛，就交代他媽媽說：「你兒子這種喜歡拆東西的習慣一定要改！」結果愛迪生的媽媽告訴老師什麼？「老師，我認為你的看法不對，我觀察我兒子那麼久，他跟別人最大的不同就是比別人喜歡拆東西，現在你叫他改掉這一點，那我孩子就跟別人一樣了。」愛迪生的媽媽告訴她兒子說：「兒子，你那個喜歡拆東西的習慣，要繼續保持下去。」

　　媽媽的鼓勵奠定了愛迪生一生成功的基礎。

　　也許你經常有這樣一種生活經驗：對那些每天接觸而且熟知的事物，你會覺得非常厭倦，不再願意每天還沒醒來以前就知道它是什麼樣的。如果在問題還沒提出之前，你就已經知道

其答案，那麼你不會有所發展。令你印象最深的時刻，也許正是你本能地投身於生活，想做什麼就做什麼，並興奮地期望神祕未來的時候。

79 向目標出發，做個無畏的夢想家

成功金言

英國詩人丁尼生說：「要奮鬥，要探索，要有所發現，而不要屈服。」

如果你能預知冒險、索求會帶給你多大的快樂，相信你會迫不及待地去開始尋找。

大多數人都喜歡走容易之路，找到捷徑，這樣可以節省些力氣。精神與肉體都懶散的人就不喜歡改變現狀，然而他們也很少嘗到過勝利的狂喜。

美國青年創業訓練營每年都要招訓許多渴望成為領導人物的青少年。這些青少年時時接受這樣一句忠告：

「接受困難，勇於冒險。」

訓練營中經常彌漫著一股尖銳的殺伐之氣。這些青少年在種種場合中個個都想出人頭地，嶄露頭角。棒球賽、跳水比賽、爬竿比賽，就像上心理課程一樣，緊張刺激而全神貫注。老師們把課程排得非常緊湊而有趣。每一週都舉行令人興奮的節目。每個人都要學習如何表現自己，怎樣使自己感到快樂，

掌握自己的個性使自己能吸引眾人。一定爭取最能夠領導而又最能影響別人的機會與地位。在這樣一個自我激勵過程中，所有青年都在全心全力地表現自我、發展自我。

對一個奉獻自己的人來講，生活是一種光榮的冒險事業。一早從床上跳下來就充滿著戰鬥力，面對可能使你沮喪的人或環境，那你是走在勝利的路上了。因為你只要肯於對問題採取積極的態度，你的問題就已經解決一半了，只要你使出更大的心力，成功就會提早來臨。

你也許會問，人為什麼要冒險？因為你不冒險就不可能有勝利。每一個人心裡都希望自己成為某種人物，能達到某種境界。問題出在大家坐等機會來臨，機會是不會光臨守株待兔的人的，只有進取的人才能抓住機會。

冒險要求的首先是勇敢精神，但不是盲目冒險。成功者首要的是要目的明確，在目標召喚下勇敢地去做。

要求永遠不犯錯，這是什麼也做不成的原因。因此，你需要改變的是一整套的習慣。首先，遇到有小事要決定的時候，練習「快動作」。

愈是平平庸庸的人生愈要冒險。你的弱點要靠堅強的行動來治療它。不妨做出出人意料的事，必要時破窗而出。現在就開始吧！

80 怪獸般的膽識，人生需要孤注一擲

成功金言

美國詩人郎費羅說：「現在正握在你的手裡，你要以堂堂正正的大丈夫氣概去迎接如夢如幻的未來。」

不願冒險的人的生活之路雖然平坦安寧，日子卻平平庸庸、清清淡淡，直到走到人生的盡頭也沒有享受到真正成功的快樂和幸福的滋味。

更有一些所謂飽經風霜的老前輩，他們似乎「什麼世面都見過」，因此總是說一些不可做這個，不可做那個的理由。其實，所謂的經驗之談，只不過是「一朝被蛇咬，十年怕井繩」的膽小鬼而已。

實際上，我們誰也不知道別人的能力限度到底有多大，尤其是在他們懷有激情和理想，並且能夠在困難和障礙面前不屈不撓時，他們的能力限度就更難預料。

「無論做任何事情，開始時，最為重要的是不要讓那些總是喜歡唱反調的人破壞了你的理想。」芭芭拉·格羅根指出，「這世界上喜歡唱反調的人真是太多了，他們隨時隨地都可能會列

舉出上千條的理由，說你的理想不可能實現。你一定要堅定立場，相信自己的能力，努力實現自己的理想。」

有時，當面臨某一新情況時，人們往往會回憶過去的失敗，從而花太多的時間往壞處想。史丹佛大學所做的一項研究顯示，大腦裡的某一圖像會像實際情況那樣刺激人的神經系統。舉例來說，當一個高爾夫球手在告訴自己「不要把球打進水裡」時，他的大腦往往會浮現出「球掉進水裡」的情景，所以，你不難猜到球會落在什麼地方。

因此，在遇到讓你緊張的情況時，要把注意力集中在你所希望發生的事情上。

「撐死膽大的，餓死膽小的」，這是一句俗語，它形象化地告訴人們「膽大」與「膽小」所帶來的明顯差距。警示並提醒人們，做事不可太「膽小」，而應該「膽大」一些。

大膽地去做，不一定能成功，但它畢竟有成功的可能；如果不敢去做，就連成功的希望也沒有了。因此，有人說，成功是產生在那些有了成功意識的人的身上。

說一個故事：很多年以前，南非某貧窮的鄉村裡，住著兄弟兩人。他們受不了窮困的環境，便決定離開家鄉，到鄉村外發展。大哥比較幸運一點，被雇主賣到了富庶的舊金山，弟弟卻被賣到很窮的菲律賓。

40 年後，兄弟倆又幸運地聚在一起。今日的他們，已今非昔比了。做哥哥的，當了舊金山的僑領，擁有兩家餐廳，兩間

洗衣店和一間雜貨鋪，而且子孫滿堂。

而弟弟，成了一位享譽世界的銀行家，擁有東南亞相當分量的山林、橡膠園和銀行。經過幾十年的努力，他們都成功了。但為什麼兄弟兩人在事業上的成就，卻有如此的差別呢？

這是因為哥哥對事業不敢有太大的奢望，認為生活上沒有問題就可以了。弟弟卻認為，幸運是沒有的。剛到菲律賓的時候，他只做些低賤的工作，但他發現當地的人有些是比較懶惰和愚蠢的，於是便接下他們放棄的事業，慢慢地不斷收購和擴張，生意便逐漸做大了。」

這個故事說明：要獲得成功，不只是看准了，大膽去做；還需要大膽去想，再大膽去做。

81 沮喪怎麼能敵過我的幽默感？

成功金言

　　羅曼‧羅蘭說：「真正的英雄不是永遠沒有卑下的情操，只是永遠不被卑下情操所屈服罷了。」

　　人人都有沮喪的時候，關鍵是要做到自我排解。當你心情不好時，不妨到外面走走，找一處清淨場所去，或是到公園讀讀刻在石碑上的名字或事蹟，你會發現不管多麼了不起的人，一旦去世之後便只剩下墓碑而已，想到這裡，你又何必太執著於人世間某些無謂的事呢。

　　著名心理學家阿德勒曾說：所有失敗者──罪犯、酗酒者、自殺者、墮落者等等，他們之所以失敗，都是因為他們缺乏歸屬感和社會興趣，從而對生活產生強烈的沮喪情緒。他們在處理職業、友誼等問題時，都不相信這些問題可以用與人合作的方式加以解決，於是對現實充滿了失望感。

　　自怨自艾對於恢復破碎自我完全沒有幫助，一味地沮喪和自憐往往會帶來更殘酷的事實。所以，如果長年逃避和否定自己，陷於持續的沮喪之中不能自拔，卻又習慣把責任一股腦地推給他人的話，那麼這樣的人大都是缺乏勇氣和能力不能承擔不幸的人。

第五章
燃燒鬥志！別被同溫層蒙蔽雙眼

　　沮喪者雖然也大都在各自掙扎，並很想求助於別人，可是孤獨和害怕被拒絕的心理使他們往往不敢求人。自卑態度，使他們無法正視自己的脆弱，只好以假裝快樂的方式來掩藏自己。除了伴侶和孩子等家中親人，周圍的人往往都無從了解他們的內心世界，認識他糟糕的情緒，所以也很難給予他援助。事實上，即使他人知道了他們情緒上的沮喪，也常常無能為力。

　　沮喪的人灰心是很自然的，一個人辛辛苦苦在奮鬥，他的理想不管大或小，如果他不能獲得事業的成就感、家庭的幸福感，那麼他是不會感到快樂和欣慰的。他會不斷地自問：「我得到的是什麼？」這時如果不能夠及時調節、克服沮喪情緒，就很容易產生「不死就知萬事空」的情緒。

　　《發現勇氣》一書的作者桑納講述了這樣一個故事：

　　「瓊留著紅豔欲滴、修剪精緻的長指甲，年紀已經40多歲，但雙手的滑嫩不亞於16歲的少女。我見到她，真的想把我那隻滿是皺紋、指甲粗短的手藏到口袋裡去，但瓊抓住我的手，把我拉近，用一種高聲的細語，向我講些她自認為有名的低級笑話。我們咯咯地笑成一團，然後我忘掉了手的粗醜。

　　瓊住在療養院，和我繼父安迪同一樓層。他剛剛搬進來時，是瓊接待他的，給他指路，把他介紹給其他住戶，並給他情報：哪些管理人員可以找，哪些該敬而遠之。

　　她罹患機能退化症，病況惡化得很快，我認識她的時候，她已經是只有綁在輪椅上才能坐直了。有的時候，她會把指甲

掐著手掌心，拚命地喊著要多吃幾片止痛藥。她丈夫知道她得病之後就不再搭理她了。她沒有子女，有個男朋友叫約翰，是個 50 歲出頭的白髮帥哥，他中風過，說話有一些問題，他們常常在日光下坐著，手握著手。

在瓊去世之前，我問她是什麼力量支持她活下去，她說：『貓王的音樂，還有祈禱。』

在這種情況下，一般人早就發瘋了，而瓊卻選擇自我實現。寫到這裡，我看電腦螢幕已經因為我眼中的淚水而模糊不清了，一個人活在人間地獄的煎熬中，卻一心要在地獄裡找出活下去的意義，再沒有一件事比這個更動人心弦的了。想想有一天我們也很可能遭遇重大不幸，我們沒有一個人會願意和瓊一樣，在黑暗的人生旅途中匍匐前進。」

沮喪情緒常常會擴大生活的不幸。有的人在沮喪中形成了對他人冷漠的態度，他們認為這樣可以打擊報復別人，其實這樣不但無助於事情的解決，還會進一步損害自己。因為這樣做，無論在肉體上，精神上都將進一步影響自己的情緒，使自己無法堅強地面對現實。

因此，當沮喪情緒侵擾你時，要拿出勇氣改變自己的生活態度，找出引起沮喪的原因並努力設法改變現狀。要振作起來，採取勇敢的態度、奮進的態度去直視它以及現實中的一切挫折和困難。

　　成功快樂的人，就在於他們能夠以開放的心態接受各種情緒的影響，具有較強的情緒承受能力，並能透過適當途徑克服消極情緒所帶來的困擾，始終保持樂觀向上的精神，對生活充滿著希望和信心，從而才有勇氣和耐心去征服生活中一個又一個艱難險阻。

82 不斷更新「向上意識」

成功金言

　　俄國園藝學家米丘林說：「我們不能等待大自然的恩賜，我們必須向她索取 —— 這就是我們的任務。」

　　既然生命不息，那就得不斷競爭。不僅和別人競爭，更要和自己競爭。

　　健康的競爭應是個人氣質的一個組成部分。每一個人都喜歡成功者 —— 在體育方面、政治方面、商業方面、藝術方面取得成功的人。社會的進步就是靠那些拚命成名、改善自己的命運，並且取得成功的人付出努力才形成的。

　　研究人員證實了競爭和爭取成功的重要意義。他們的結論是：「在比賽、運動或者任何事情當中取得成功，對於人的自尊心和幸福有深遠的積極影響。」

　　他們的研究成果證明，取得成功不只對一個人當時的生活品質發生影響，而且也改變了他對於未來的態度。他們發現，取得成功使人建立起自信，鼓舞起志氣。他們還指出，在一件事情上拚命奮鬥的精神，能夠擴展到其他方面去，增加對於取得更多成就和突破自己的局限的興趣。

第五章
燃燒鬥志！別被同溫層蒙蔽雙眼

可以這樣定義成功：成功就是一個人的能力充分發揮出來。倘若沒有機會容許你表現自己的才能，使你的行為受到讚揚，或者胸有成竹地去增長自己的才能，也就沒有興趣可言了。

人類之所以不斷設定目標，不斷追求，就是為了克服環境、解決問題、達到目標而努力，沒有應克服的障礙、應達到的目標，人活著將找不出真正的滿足和幸福感。因此，認為人生不再有生存價值的人，很可能是已經失去了值得追求和努力的目標。

古人有「會當凌絕頂，一覽眾山小」，說的就是當人登上千仞頂峰時那種豪邁的情懷。

的確，當人們攀上峰頂，舒展雙臂，擁抱一覽無餘的太空時。心理上總能得到一種空前的滿足：仰望伸手可觸的蒼穹，俯視山腰遊蕩的白雲，心靈中便會油然而生出一種神聖的感情，好像世上的一切都在自己的腳下了。

然而，人們這種神聖的感情總是維持不了多久，就很快會發現制高點的所在，大多是孤零零的堅石，很少有鮮活的生命存在，四周是一片空虛，使人莫名地惆悵。

由此可見，真正的制高點並不在凝固的孤零零的所在，而是在奮鬥的過程和無限延續的生命序列裡。

勇於攀登人生旅途中的一個又一個文明創造的巔峰，而又警惕著「頂峰意識」的滋生，是智者的開拓型性格的根基。「凌絕頂」永遠屬於下一站。樹立這樣的人生態度，有助於「向上

意識」的不斷更新，不斷強化，亦是避免滋生「頂峰意識」的關鍵。

　　有史以來，人類就希望有朝一日能飛上蟾宮折桂。因此，阿波羅登月計畫無疑是劃時代的壯舉。可是，聽說，太空人愛德溫·艾德林，在獲此殊榮後不久，卻發生了精神崩潰。巨大的常人難以逾越的成功，使他回到地球的生活頓然喪失了值得眷戀的魔力，讓他好像處於一片虛無與真空之中，感到生命中有價值的活動已經到達了終點。

　　愛德溫·艾德林的悲劇之所以發生，首先是由於他的人生觀所導致的對科學的進步認知上的局限。的確，登月飛行是人類航太事業破天荒的壯舉，但它絕不是人類航太科學發展的終點，而僅僅是起點。如果把登月飛行的成功既看成一項突破，又看做一項事業的開端，就不會產生追求目標的失落心理。

　　再者，人生所能達到的一個又一個巍峨的巔峰，總是由谷溝和山麓托舉著的。人總不能從一個巔峰飛向另一個巔峰，為了攀上另一個巔峰，自然也是先步入谷溝，以積蓄、醞釀再次上升攀沿的力量，再往上走。正是這空間位置的不斷變更，不斷改變著人生的面目和周圍的景觀，使人生的功業倍加輝煌。

83 把壓力當燃料，加速前進！

成功金言

世界著名人生導師墨菲說：「壓力是指導你求勝心態的墊腳石。」

如何成為一個成功者？這是許多人正在思考的問題。因為成功意味著實力，意味著財富與人生的價值。但是許多真正成功的人，都有這樣一個觀念：成功是自我品格的提高和磨礪的結果，成功的人能夠經得住壓力的打擊。他們在做事情的時候，並不是一路順利，總是會碰到各種壓力。

不要把壓力當作障礙，而要把壓力當成動力。換句話說，沒有壓力就不可能有真正的成功。如果把壓力變成推動自己前行的力量，那麼你就可能由弱而強。這是成為成功者所必備的品格。

有句諺語說：「成功吸引更多成功，而失敗帶來更多失敗。」為成功而努力會使你更有能力邁向成功。如果你什麼也不做，坐等失敗，只會使你遭受更多的失敗。

成功者也會失敗，但他們向來都是失敗而不失志，他們對

失敗也會產生一定的悲哀，但他們卻並不因失敗而煩惱與憂慮。他們的目光常常具有悠遠而瀟灑的縱深力度，擅長從失敗中，從艱難困苦中看到成功的彼岸。

如果你以勇往直前的心態發揮你的思想，並且相信成功是你的權利的話，你的信心就會幫助你實現你所制定的明確目標。但是如果你接受了消極心態，並且滿腦子想的都是恐懼和挫折的話，那麼你所得到的也都是恐懼和失敗而已。

如果你能夠在不能得到立即回報的情形下，以一種願意而且愉快的態度提供更多服務，這就在培養你積極且愉悅的心態，而這剛好就是培養引人注目的個性的基礎。

當你培養出吸引人的個性時，幾乎所有的人都會願意依照你的意願為你工作。

要不斷發掘自己的積極因素，要堅持對自己說：

· 別人知道我是可以信賴的。

· 我有勇氣。

· 我是一個靠得住的人。

· 我很願意讓別人高興。

亞伯拉罕·林肯說過：「人只要下決心想要愉快到什麼程度，他基本上也就愉快到什麼程度。你能夠決定自己頭腦中想些什麼，你能控制著自己的思想。」

成為積極或消極的人全在於你自己的抉擇。沒有人與生俱

來就會表現好的態度或不好的態度，是你自己決定要以何種態度看待你的環境和人生。即使面臨各種困境，你仍然可以選擇用積極的態度去面對眼前的挫折。

保持一顆積極、樂觀的心。盡量發覺你周圍的人和事最好的一面，從中尋求正面的看法，讓你看到有向前行走的力量。即使終究還是失敗了，也能汲取教訓，運用於未來的人生中，把這次的經驗視為成功路上的一筆財富。

84 挑戰自己，超越極限

成功金言

孟德斯鳩說：「能將自己的生命寄託在他人記憶中，生命彷彿就加長了一些，光榮是我們獲得的新生命，非常珍貴，不亞於天賦的生命。」

在日常生活中，你是不是有這樣的感覺：好像每天都在做同樣的事情。今天是昨天的重複，明天又是今天的翻版，既單調又平凡。

但如果每天只是這樣翻來覆去地延續，人生就毫無希望、毫無意義了。松下幸之助認為，一個人的生活不應該只是單調的反覆。今天應該比昨天進一步，明天則比今天進一步，也就是每天都要有生成發展。

那麼生成發展到底是什麼？ 對人生的意義又在何處？

按松下幸之助的理解，所謂的「生成發展」，就是日新又新，每一剎那都是新的人生，每一剎那都有新的生命在躍動。這就是舊的東西滅亡，新的東西誕生的歷程。

假定生成發展是自在法則，那麼每天的生活，就必須經常

保持日日新的創意和發明。有句俗語「十年如一日」，這是說 10 年的努力就好像一天的努力那樣充滿活力和毅力。

「十年如一日」強調的是勤勞、努力與毅力這種精神，並不是代表在過程中不要任何進步。這種十年如一日的努力，一定會產生非常新穎的創意和進步。

但是假如大家的工作十年來沒有任何變化，而是千篇一律，那麼就是違反了生成發展的原理。

松下幸之助曾舉例說明這個道理：

明治維新時，功臣之一的坂本龍馬經常和西鄉隆盛長談，坂本的談話內容和觀念每次都有一點改變，使西鄉隆盛每次的感受也都不一樣。於是，西鄉就對他說：「前天，我遇到你的時候，你所講內容和今天又不一樣，所以你說的話，我有所存疑。你既然是天下馳名的志士，受到大家的尊敬，應該有不變的信念才行。」坂本龍馬就說：「不，絕對不是這樣。中國教育家孔子說過『君子從時』，時間不停地流轉，社會情勢也天天在變化，昨天的『是』，成為今天的『非』，乃是理所當然。我們從『時』便是行君子之道。」接著又說：「西鄉先生，你對一個事物一旦認為是這樣，就從頭到尾遵守到底，將來你一定成為時代落伍者。」

世間萬物時刻都在替換更新。但在轉變中，唯一永遠不變的就是真理，這也就是從宇宙中產生出來的力量。因此，所謂的**轉變及日日新**，就是把這種真理因時因地加以活用的結果，

若以為真理是不變的，就不再活用變通，真理就等於死了一樣。

　　佛教界的大師們認為：佛教的教義是永遠不變的，但教化的方法必須隨時代而改變。釋迦牟尼以前常說：「諸行無常。」所謂的「諸行」就是「萬物」，「無常」就是「轉變」；「諸行無常」是指萬物流轉、生命成長，也就是教導我們要不斷更新自我，超越自我。

85 對自己下戰帖，打破舒適圈

　　瑪里・居禮說：「如果能追隨理想而生活，抱著正直自由的精神，勇往直前的毅力，誠實不自欺的思想而行，則定能臻於至善至美的境地。」

　　中國有一句話說：「人有多大膽，地有多大產。」這句話雖然早就已經成為了人們的笑談，但仔細想來也還有一定的道理。如果人什麼都不敢想，那麼人類社會也不會發展到今天，勇於向自己提出挑戰往往就向成功邁向了第一步。

　　約翰・戈達德15歲時，他就把他這一輩子想做的大事列成了一個表。那時他只是美國洛杉磯郊區一個沒見過世面的孩子。他把那張表題名為《一生的志願》。

　　表上列著：「到尼羅河、亞馬遜河和剛果河探險；登上埃佛勒斯峰（即聖母峰）、吉力馬札羅山和馬特洪峰；駕馭大象、駱駝、鴕鳥和野馬；探訪馬可・波羅和亞歷山大一世走過的道路；主演一部像《人猿泰山》那樣的電影；駕駛飛行器起飛降落；讀莎士比亞、柏拉圖和亞里斯多德的著作；譜一部樂曲；寫一

本書；遊覽全世界的每一個國家，結婚生孩子；參觀月球。」每一項都把它們編號，一共有 127 個目標。

後來，戈達德回想起那張表解釋道：「我之所以寫那張表，是因為在 15 歲時我已清楚地了解到自己的閱歷貧乏。我那時思想尚未成熟，但我具有和別人同樣的潛力，我非常想做出一番事業來。我對一切都非常感興趣 —— 旅行、醫學、音樂、文學……我都想做，我想去鼓勵別人。我制定了那張奮鬥的藍圖，心中有了目標，我就會感到時刻都有事做。我也知道周圍的人往往墨守成規，他們從不冒險，從不敢在任何一個方面向自己挑戰。我絕對不走這條老路。」

戈達德說：「我之所以把尼羅河置於首位，因為我認為這是地球上最重要的地貌。尼羅河是全非洲的縮影：在尼羅河盆地中實際擁有全非洲的每一種鳥，獸類，爬行動物和昆蟲；它擁有全人類中最矮和最高的人種（俾格米人和瓦圖西人）；你既能在喀土穆和開羅這樣的城市中遇見受過良好教育的、經驗豐富的人，也能在蘇丹的丁卡這樣的地方碰到過著半游牧生活的牧民。所以，遊遍尼羅河上下，研究兩岸的風土人情就成了對我的最大挑戰。」

戈達德 26 歲那年，他和另外兩名探險夥伴來到布隆迪山脈的尼羅河之源。3 個人乘坐一艘只有 60 磅重的小皮艇開始穿越 4,000 英里的長河。他們遭受過河馬的攻擊，遇到了沙塵暴和長達數英里的激流險灘，遇到幾次瘧疾，受到過河上持槍匪徒的

追擊。出發 10 個月之後，這 3 位「尼羅河人」勝利地從尼羅河口划入了蔚藍色的地中海。

戈達德說：「這次旅行，如果事先過多地考慮那漫長的道路和面臨的艱難，也許就不敢出發了。但是經過一天又一天的累積，我們終於達到了目的地。我想這就是生活的成功之路吧。」

到目前為止，戈達德已經完成了 127 個目標中的 106 個。他獲得了一個探險家所能享有的榮譽，其中包括成為英國皇家地理協會會員和紐約探險家俱樂部的成員。沿途他還受到過許多人士的親自接見。

戈達在實現自己目標的征途中，有過 18 次死裡逃生的經歷。「這些經歷讓我學會了更加珍惜生活，凡是我能做的我都想嘗試。」他說，「許多人們活了一輩子卻從未表現過巨大的勇氣、力量和耐力。但是我發現當你想到自己反正要完蛋的時候，你會突然產生驚人的力量和控制力，而過去你做夢也沒想到過自己體內竟蘊藏著這樣巨大的能力。當你這樣強而有力地活過後，你會覺得自己的靈魂都昇華到另一個境界之中了。」

他指出，「差不多每個人都有自己的目標和夢想，但並不是每個人都去努力實現它們。《一生的志願》是我在年紀很輕的時候立下的，它反映了一個少年人的志趣，其中當然有些事情我不想再做了，像攀登埃佛勒斯峰或當『人猿泰山』那樣的影星。制定奮鬥目標往往是這樣，有些事可能力不從心，不能完成，但這並不意味著必須放棄全部的追求。」

「檢查一下你的生活並向自己提出下面這個問題是很有好處的：假如我只能再活一年，那我準備做些什麼？

我們都有想要實現成功的願望，那就別延誤，從現在就開始做起！」

86 失敗不可怕，逃避失敗的自己才可恥

成功金言

莎士比亞說：「真正勇敢的人，應該能夠智慧地忍受最難堪的屈辱。」

失敗是不以人的意志為轉移的生活內容之一。世上的事情往往是這樣：結果未成，先嘗苦果；壯志未酬，先遭失敗。可以說，一個人的生活目標越高，越是堅持上進，就越容易敏銳地感受到失敗。

那麼失敗是不是有百害而無一利呢？不是這樣的，失敗除了有不可避免性外，對人也有積極與消極的雙面。

從積極的方面說，失敗能引導一個人產生創造性的變化，即增強韌性和解決問題的能力，也能引導人們以更好的方法滿足需要。英國卓越的威廉·湯姆森用這樣的一句話概括了他的一生：「有兩個字能夠代表我 50 年內在科學進步上的奮鬥，就是『失敗』二字。」

而從消極的方面而言，一是失敗會造成心理上的傷痕，在情緒上可能產生一系列反應；二是失敗會造成行為上的偏差；

三是失敗會造成青年成長環節上的缺陷。

面對失敗的這些消極性，有人常常感嘆：「生活真難啊！」而那些真正懂得生活的人，他會給自己提出這樣的任務：戰勝失敗，把自己鍛鍊得更加成熟和堅強。

從生活本身出發，人們要增強生活的勇氣，來戰勝失敗。一位哲人曾說過：「迎頭搏擊才能前進，勇氣減輕了對命運的打擊。」無數偉人就是在層層疊疊的困境和失敗中鍛鍊了這樣的勇氣和膽識。

從提高生活品質出發，人們要增強失敗容忍力。這種能力的高低，一是取決於身體健康條件。一個發育正常的人，他的失敗容忍力當然比一個百病纏身的人高。二是取決於過去的經驗和學習。一個人經歷的越多，其失敗容忍力也越高。三是取決於對失敗的知覺判斷。知覺判斷愈符合客觀情況，愈能增強自信心，不易為一時的挫折所折服，也就愈能提高挫折容忍力。

年輕的朋友，不要恐懼失敗，你的生命如果是一把披荊斬棘的「刀」，那麼失敗就是一塊不可缺少的「砥石」。為了使生命的「刀」更鋒利一些，勇敢地面對失敗的磨礪吧！

87 成功藏在身上每一個角落

成功金言

拿破崙‧希爾說：「只要你不氣餒，失敗永遠是暫時的，而你的力量、你的性格都會從這樣的逆境中成長、完善起來。」

相信自己，這是人生首先要做到的一件大事。一個不相信自己的人，不可能發現自己身上蘊藏的巨大潛能；而一旦相信了自己，相信自己身上蘊藏的能量，你必將取得成功。

不應該只為生存而活。你應該抓住、應該充分利用自己生命中的每一時刻。你身上蘊藏無窮無盡的能量。可以幫助你實現友愛、和諧、歡樂、偉大。

一位成功學大師說：「我的整個成人時代都是在學習中度過的，那些最幸福、最有成就、最有創造的人，都是我學習的楷模。但他們中的很多人，因為他們之前沒有仿效的榜樣，所以都是自己摸索過來的，而今天我們事實上已經有了一切的便利，可以幫助我們去達到他們當初的成就。」

你要改變自己的生活方式，要去支配自己的生活，要學會應對各種變化，享受成功的人生。自己的人生應該怎麼過、怎

麼品嘗、怎麼感受，這都是你自己應該決定的事情。要大膽去追求自己渴望擁有的東西，而不是固步自封，停留在自己熟悉的圈子裡打轉。

你完全擁有足夠的能力，你所需要的，只是去相信自己，成為自己生活的主人，而不是讓他人代替你做決定。要相信自己的人生態度可以更積極，身體可以更健康，生活可以擁有更多的友愛，前景可以更光明，相信一切都可以借助自己的力量實現。

只要你願意尋求，在世界的每一個角落，我們都可以發現美的蹤跡；在生命最輕微的呼吸中，我們都能夠感受到奇蹟。

要堅持自己的價值尺度，要相信內心真實的自我，不要在意他人的批判，不要拒絕生命中的新體驗，沒有變化的人生將會平淡無奇，毫無活力。

要為自己找到生命的目的和意義，然後，就去追求它。去從事你真正的事業，去幫助周圍的人，為他們服務，這是唯一正確成功的道路。要明白，你不可能得到所有人的支持，這時，保持自己思想、行動上的獨立有至關重要的意義。我們應該按照自己的理想去奮鬥。

我們無法避免錯誤，但其實大可不必因此就謹小慎微，害怕錯誤。錯誤正是我們學習、進步的好機會。要記住，人生最大的錯誤就是拒絕嘗試、拒絕行動。一次跌倒了，我們可以爬起來，吸取教訓，下次我們就會做得更好。

第五章
燃燒鬥志！別被同溫層蒙蔽雙眼

　　湯瑪斯·愛迪生發明電燈泡曾經做過無數次的實驗，在最後一次成功之前，他所經歷的都是失敗。可是，我們誰會在意他的那些失敗，誰會稱他是一個失敗者呢？事實上，我們只會把這些失敗稱作暫時的挫折，它是未來進步的階梯。

　　其實日常我們稱為失敗的那些經歷，無非是暫時阻礙了我們去實現我們的目的；如果沒有這些失敗的經歷，沒有這些經歷所揭示給我們的那些教訓，沒有從這些經歷中獲得的一點一滴的進步、改善，就絕不會有最終的成功。

88 不尋常的膽識，畫出你的成功地圖

成功金言

英國小說家薩克雷說：「大膽挑戰，世界總會讓步。如果有時候你被它打敗了，不斷地挑戰，它總會屈服的。」

膽識在成功的人生旅程中是非常必要的，因為成功沒有尋常路。

聰明的人從來就不甘平庸。他們勇於打破常規的束縛，勇敢地追求自己的理想和目標。所以康德說：人的心中有一種追求無限和永恆的傾向。這種傾向的最直觀的表現就是冒險。

1899 年，約瑟夫·赫希洪出生在東歐拉托維亞的一個村子裡，他是家裡 13 個孩子中的第 12 個，幼年喪父。6 歲那年，在母親的帶領下，他們搭火車，搭乘輪船，經過長途輾轉，最終來到了美國紐約市的布隆克林。母親和姐妹們租了一間房子，開始了極為辛酸的生活，後來他曾說：「我簡直是從地獄裡走出來的。」

赫希洪生活在貧民區裡，從小就十分明白對於錢對於他們

的重要性。在他還是小學生的時候，有一回，他偶爾從紐約證券交易所旁邊走過，聽人說，這裡就是世界上最有錢的地方，他馬上就被迷住了。他的眼睛突然睜大了，站在窗外看著人們打著各式各樣的手勢，就像說啞語一樣，他咬著牙齒發誓：「我一定要到這裡來！」

　　—— 這個誓言一直在他的心裡燃燒……

　　3 年後，赫希洪果然來到紐約證券交易大廈，當時他只有 14 歲。可是他的運氣不是很好，因為那是 1914 年，第一次世界大戰已經開始。可是他不知道這些，他想在這裡落腳謀生。

　　後來，他艱難地在愛默生的留聲機公司找到了一份在中午的時候還要為總機接線的工作。

　　他在這裡老老實實地做了半年，一天，他很莽撞地向總經理韋克夫提出要求，他更喜歡做的工作是畫股票曲線圖和製作圖表。韋克夫居然答應了他的要求，從此他與股票沾上了邊，成為了一個股票製圖員。

　　經過 3 年的努力，他成為了一個專業的股票製圖員，對股票的買賣有了很深的了解。就在 17 歲那年，他給母親買了一棟房子，一家的生活終於有了好轉。可是好景不長，一次股市狂跌，他買進了一家鋼鐵公司的股票，最後賠的一分不剩，他幾乎成了窮光蛋。

　　那次失敗給他上了一堂深刻的股票課。他決心再也不炒股票了，他看到數以百計的富翁一夜之間變成了乞丐，冷汗就不

停地往下流。他雖然不敢再進入股市，但是也不能坐吃山空，他來到了加拿大的多倫多，成立了赫希洪公司。

他在多倫多的一家名為《北方礦業報》的上面看到了一則開礦的廣告，裡面煽動性的詞語，讓赫希洪心動了，他認為這是一本萬利的生意。他根據廣告的指引，來到了報紙上所說的地方。

他經過仔細考察，找到了下一個目標：同那爾金礦。這座金礦是兩個叫作拉班的兄弟合開的，目前還沒有挖到金子，資金已經枯竭，於是赫希洪用 0.2 美元一股的價格買進了 60 萬股。

幾個月之後，這座金礦開始出金子，股票也開始上升。赫希洪就悄悄地把自己的股票賣了出去，等他的 60 萬股全部賣完的時候，這座金礦的股票跌到了每股 0.94 美元。不到半年的時間，他就淨賺了 100 多萬美元。

他決心不再進行具體的開礦工作，就開始像這樣炒賣股票。

赫希洪就這樣不斷地嘗試，很多人的錢都流進了他的腰包裡。他最終成了億萬富翁。

透過冒險而取得的成功，才使人覺得最喜悅。打破沉悶，強烈地追求這種境界，已成為現代人的共同心聲。

89 做就對了，沒開始永遠不會有結果

成功金言

美國作家普拉塞說：「結果有時是難以預料的，但努力絕不會注定失敗。」

我們活著的最終意義，無非是要利用種種機會以實現理想。要實現你的理想，就要抱著試試看的決心不可，並且要堅持到底。當然，沒有確定因素保證能事情一定不會失敗，但也正因為我們知道事情成功的可能性，又不敢確定它一定成功，才能引起我們試試看的很大興趣來。

美國銀行學權威簡尼先生說：「一個人如果總是在他的幻想中團團轉，今天想這樣做，明天想那樣做，天天計算如果他怎樣做，將會得到怎樣的結果。但他就是不肯下決心，抱著自信心著手進行，這樣他不但永無出頭的那一天，而且一點成績也做不出來。常常聽見有許多人說，他『當初』如果能實行了他的計畫，『現在』早就已經獲得怎樣的成就了。這種人的唯一錯處，就是他們缺乏實行的決心和勇敢。」

第二次世界大戰時期，美國有位海軍上尉叫史密斯，他發

現他的隊長用來打靶的新方法很好，用來訓練炮手一定能收到非常好的效果，一定能節省不少炮彈。於是，他寫了一封信申請上司採用，但他的上司對於這個意見毫不感興趣，未予以批准。沒辦法，他只好硬著頭皮寫給更高的長官，但他的提議被駁回，這樣他依次申請上去直到海軍部長，仍是到處碰壁，不得要領。最後，他索性冒著更大的危險，直接寫信給老羅斯福總統了。

是的，他確實冒著極大的風險，因為依當時的軍法，一切下級軍官的公文，均須申交直屬的上級，然後由那位上級再依次轉交上去。現在他早已犯了嚴重的藐視上級罪了。

那麼他被處罰了嗎？

沒有，相反羅斯福總統鄭重地同意考慮這個意見。他立刻把那位上尉召來，給他一個機會，當場試驗他的意見對或不對。

他們在沿海某處圈定了一個目標，先命令軍艦上的炮手，沿用老法開炮打靶，結果白白耗費了 5 個小時的時間和大批的炮彈，卻一次也沒有擊中，而採用新方法效果卻截然不同，這就證明了史密斯的主張毫無錯誤。羅斯福因此對他大加嘉勉。

史密斯對於他的意見，有著充分的自信，碰壁而不退卻。絕非平庸之輩可比。如果當初他不能確定老方法的落伍和新方法的可靠，便冒昧地到處亂投書，那結果的糟糕程度，一定不堪設想。如果當初他不是遇挫折不灰心而堅持自己的正確主張，他也不會如願以償，獲得圓滿結果的。

想上進的人，必須牢記兩個要訣，就是謹慎和勇敢。

具體到個人身上，要更注意哪點呢？如果你平日是一個血氣旺盛，做事常抱「碰碰運氣」的心理，喜歡盲目亂闖，絲毫不肯用腦的人，那你就得偏重於第一點 —— 謹慎。尤其做任何事時，都必須多加一番思索，想想它的正面結果，再想想它的反面結果，覺得確有幾分把握時，然後再著手實行，便可百無一失了。

相反，如果你是一個常常陷入幻想中，把事實計算得千真萬確，卻仍不肯去實行的人，那你就得偏重第二點 —— 勇敢。你得立刻站起來，立刻著手去做，而且非做出一點眉目來不可。

有了自以為是的萬全之策，即使被人勸阻，如果你認為那人的理由不成其為理由時，仍不妨大膽去做。怕什麼？世界上的一切偉大的事、偉大的業績、偉大的成就，不都是這樣做出來的嗎？

90 漂亮的成績單，背後少不了一次次挫折

成功金言

英國生物學家亞歷山大‧弗萊明說：「研究者熟悉失望和失敗。但是，如果好好地進行分析，失敗往往是有益的，它有助於奪取成功。」

做事情，不要怕失敗而放棄，每一個失敗都是成功資本的累積，能夠正確面對失敗並且經常戰勝失敗的人，就是成功的人。

通常情況下「失敗」一詞是消極性的。但拿破崙‧希爾給這兩個字賦予了一個新的意義。

拿破崙‧希爾解釋道：「這裡，先讓我們說明『失敗』與『暫時挫折』之間的差別，讓我們看看，那種經常被視為是『失敗』的事是否在實際上只不過是『暫時性的挫折』。」

不管是暫時的挫折還是逆境，只要這個人把挫折當作是一種教訓，就不會輕易失敗，事實上，在每一種逆境及每一個挫折中都存在著一個持久性的大教訓，而且，這種教訓是無法以挫折以外的其他方式獲得的。

只有把挫折當作失敗接受之後，挫折才會成為一股破壞性的力量。如果把它當作是教導我們的老師，那麼，它將成為一種祝福。

成功者相信，「失敗」是大自然對人類的嚴格考驗，它藉此燒掉人們心中的殘渣，使人類這塊「金屬」因此而變得純淨，使它可以經得起嚴格考驗。

大浪淘沙，優勝劣汰，成功總是屬於那些備嘗艱辛、異常頑強的人們。成功者無一不是戰勝失敗而來。成功無一不是血汗與機遇的結晶。

成功的人，在遭受了失敗的打擊後，能夠及時地審時度勢，調整自身，在時機與實力兼備的情況下再度出擊，捲土重來，這種人堪稱智勇雙全，所以，成功常常會到他們身邊徘徊。

我們研究失敗是為了更好地研究成功，超越失敗則必然能走向成功的彼岸。只有勇於正視失敗，正確地面對失敗，才能超越失敗、走向成功。

俗話說：失敗是成功之母，但並非失敗必然是成功之母，兩者之間沒有必然的連繫。如果在失敗後，抱一種無所謂的態度，很瀟灑地一點也不在意，「搖搖頭，忘了過去，一切從頭再來」，那麼，等待你的很可能還是失敗。

為什麼失敗一個接一個，勝利卻從來沒到來呢？這是因為：他沒有反省自己，沒有認真地分析自己失敗的原因，從而沒能從以往的失敗中吸取教訓。

「但這又和我們的創業成敗有什麼關係呢？」你可能會這樣問。

其實，你只要回過頭仔細想一想就知道了。諸多失敗者的失敗原因只是因為具體情況形式有所不同，但本質上卻是一樣的。主要原因都是沒有認真分析自己失敗的原因，沒能從中吸取寶貴的教訓。

年輕的朋友，不要懼怕失敗，你的生命如果是一把披荊斬棘的「刀」，那麼失敗就是一塊不可缺少的「礪石」。為了使生命的「刀」更鋒利一些，勇敢地面對失敗的磨礪吧。

91 培養積極心態，追逐夢想的第一步

成功金言

　　法國小說家安德烈・紀德說：「人人都可以有驚人的潛力，要相信自己的力量與青春，要不斷地告訴自己，萬事全賴在我。」

　　失敗的人有失敗的心態，成功的人有成功的心態，心態影響思想，思想影響行為，這是一連串的因果效應。做事情求成功，自然也要有強烈的成功心態，想要成功就要想成功，連想成功的心態都沒有是不可能成功的。

　　美國鋼鐵大王卡內基，少年時代從英格蘭移民到美國，當時他真是窮透了，正是「我一定要成為大富豪！」這樣的信念，使得他於 19 世紀末在鋼鐵行業大顯身手，而後涉足鐵路、石油行業，成為商界巨富。

　　「只要生活過得去就好，不必過於苛求。」「只要能安穩地過一輩子就行了。」如果你有了這個念頭，最好不要去求取成功。成功必備的條件是：不滿現狀、奮發向上。

　　想要在事業上成功，在創業初期就應訂出一個目標，一年

之內要賺到 1 萬、5 萬或者是 100 萬元。訂了這個目標時，不要妄自菲薄，不要以為自己無法達到高目標，就訂得很低，一年只賺 5,000 元就心滿意足。那和當上班族差不多，又何必做生意，上班反而沒有太多的壓力。

當然，目標也不能訂得太高，不切實際，一時心血來潮，決定要在一年之內賺到 1,000 萬元，你還得問自己可以付出什麼代價，去交換 1,000 萬元。世間沒有不勞而獲的事情，成功不會從天而降，一定要具備某些條件，才有資格去獲取成功。

把要取得的目標，訂得與自己實際能力相符合，不能高不可攀，也不能觸手可及，要能說服得了自己，使自己相信可以獲得，有這樣的成功心態才能獲得成功。

平凡的人之所以沒有大的成就，很大程度上就是因為他太容易滿足而不求進取，他一生只會盲目地工作，賺取足夠溫飽的薪水。

但是追求成功的人，就絕不是這樣，他會盡力尋求對自己現狀不滿足的地方，以發現自己的缺點，並加以改進。不滿足，是進步的先決條件，不滿足才能銳意進取，才能在競爭激烈的商海大潮中找到成功的路。

92 開啟冒險 GPS，多方位尋找自己的路

成功金言

　　美國生物化學家戴維·巴爾的摩說：「你必須有自信，有時候說一些話，做一些事情並不那麼容易為大眾所接受，這時你必須相信自己，我的人生準則就是最終表明我是正確的。」

　　成功沒有尋常路，你要大膽地多方位搜尋探索，不因恐懼失敗而灰心喪志，也不因別人的指指點點而猶豫彷徨。不盲從，也不隨俗，走自己的路，走出一條成功的路。

　　多數人因恐懼失敗而灰心喪志，結果無法實現理想，成為不可救藥的失敗者。事實上，這些失敗者，與其說恐懼失敗本身，不如說「恐懼因失敗而遭受世人的批評」。因此，他們無法過自己想要的人生，一輩子都在扮演「別人希望的角色」。

　　照他人期望的模式生活，犧牲真正的自我，將失去生命的意義。要知道，最後為你的一生「買單」的只會是你自己，何必太在意他人的看法，讓他人來左右你的人生？

　　人不可能是完美的，即使你做得再好，也無法達到每個人

的要求。人生充滿艱難險阻，能在困頓中學會良好的適應之道，才能邁向成功。

菲爾斯和一家獨立商店，成立了菲爾斯太太餅乾店，並很迅速地推行到世界各地。由於業務擴張得太快，致使公司的財務受到拖累，菲爾斯發現自己欠了一大筆債。她體察到想要擁有並且經營所有連鎖店的欲望是太大了點，所以她想授權給加盟店負責經營，而不再親自參與。此政策的改變，使她的公司再度獲利，並且出現成長趨勢。

你應該把挫折只當作是使你發現你思想的特質，以及你的思想和你明確目標之間關係的測試機會。如果你真的能夠了解這句話，它就能調整你對逆境的反應，並且能使你繼續為目標努力，挫折絕對不等於失敗 —— 除非你自己這麼認為。

美國哲學家愛默生說過：

「我們的力量來自我們的軟弱，直到我們被戳、被刺，甚至被傷害到疼痛的程度時，才會喚醒包藏著神祕力量的憤怒。偉大的人物願意被當成小人物看待，當他坐在占有優勢的椅子中時會昏昏睡去。當他被搖醒、被折磨、被擊敗時，便有機會可以學習一些東西了。此時他必須運用自己的智慧，發揮他的剛毅精神，他會了解事實真相，從他的無知中學習經驗，治療好他的自負精神病。最後，他會調整自己並學到真正的技巧。」

然而，挫折並不保證你會得到完全綻開的利益花朵，它只提供利益的種子。你必須找出這顆種子，並且以明確的目標給

它養分並栽培它；否則它不可能開花結果。

人的內心有著無限的力量，這個力量是，當一個人發揮出他的個性時，他的人生就會有驚人的光輝。

我們的能力像沉睡的礦深深地埋在地下，若能把它發掘出來，發展下去，人生就會有驚人的發展，不可能的事也會陸陸續續地變成可能。

但，這要看看這個人是否選擇自己應該走的路。

任何人都可以爬升到自己所想要的成功事業巔峰，同時當他選擇要爬上成功事業巔峰時，全宇宙最大的力量就會幫助他，一直把他推上成功事業的巔峰。

我們有了某種決心，並且想像實現的可能性時，各方面的東西都會動起來，而且幫助自己的決心往上推到實現的方向。

我們應該有這種想法 —— 我們是被製造出來改變環境、解決困難、達成人生使命的，若沒有可供達成的理想，我們的人生就不會滿足，也不會快樂。所以，你應該找個值得你努力的追求目標，最好有個計畫表，註明遇到不同的情況時，你希望有什麼處置。在你面前經常有個你期盼的目標，為它工作、為它期望，不要往後看，並培養對將來的「盼望」。

不管你現在處在何種惡劣環境中，也不要被環境打垮，而要為了達到目標去努力，向著更大的目標挑戰。如果發現了人生的意義，你就可以算是已經一步一步地走向成功了。

第六章

對，只有你覺得謊言包裝得很好

　　誠實是一切美德的根本。要獲得別人的信任與重視，你首先應該做到誠實。欺騙別人的人，最終被騙的只會是你自己。

93 以誠實為基，記錄生活的點滴

成功金言

古波斯詩人薩迪說：「講假話猶如用刀傷人，儘管傷口可以治癒，但傷疤將永遠不會消失。」

《圍爐夜話》說：「儘管社會上盛行爾虞我詐的風氣，但其實還是只有忠厚老實的人才能永遠立於不敗之地，腐朽的社會習俗爭相以奢靡浮華為流行，但畢竟還是在清淨平淡之中體會到的淡泊趣味更為持久耐長。」

這雖是一段古人的話，但現今社會上依然有「假」的東西存在，因此我們絕對不能丟棄誠實這一做人的美德。這不僅對於整個社會的良性發展有利，也對完善我們自己的品行，讓我們能正確交際大有好處。

做人為什麼要誠實？首先，誠實會使我們內心坦然，而說謊、虛假、欺瞞，則會折磨你的良心，讓你的心境處在一種灰暗、忐忑不安、時刻緊張的狀態中。這種自我折磨正是不誠實的必然結果。

古波斯詩人薩迪說：「寧可因為真話負罪，不可靠假話開脫。」

　　這句話說得很耐人尋味。說謊或說假話，常被一些人視為「聰明」的處世之道。他們為了掩飾自己的過錯或推脫責任而說謊，或者為了謀取個人利益而騙人。他們自以為得計，或暫時得逞，但假的就是假的，謊言早晚有被揭穿的一天，那時他們將因自己的不誠實而失去他人的信任。謊言在被騙者心頭留下的傷疤是很難消失的。

　　有一則故事，有一個人賣皮蛋，就是雞蛋外面糊裹著一層泥和草。皮蛋賣得很好。於是，他動心眼了：我幹嘛這麼誠實呢？他偷偷把大雞蛋換成了小雞蛋，外麵糊上厚厚的泥，沒想到，照樣賣得好。他嘗到「甜頭」了，又把雞蛋換成了馬鈴薯 —— 還是賣得好。一不做二不休，他索性用鵝卵石代替馬鈴薯，冒充皮蛋賣。還是賣得好，當他高高興興地點著手裡的鈔票時，他的頭上突然下起了「雹雨」 —— 塊塊鵝卵石、一顆顆馬鈴薯，甚至還有一個個雞蛋，劈頭蓋腦地都砸向了他。

　　說謊或說假話，實在是坑人害己。

　　有人說，我也知道做人要誠實，但現實生活中，誠實的人常常吃虧，你不說假話，就很難把事情辦好。

　　這裡其實存在著一個誤會，就是如何看待「吃虧」，如何看待「辦成事」。

　　確實有這樣的情況，但那是什麼「事」呢？是騙到了一官半職，是賺到了不義之財，是用一張買來的假文憑在某公司找到了好工作……這樣的「事」即使辦成了，又有什麼可以讓人

羨慕的呢？這不是違法亂紀的行為嗎？除了那些利令智昏、全然視法律為兒戲、不惜以身試法的壞人外，我們相信，對多數僅僅是私心作祟，一時犯糊塗的人來說，他們可以靠這種手段僥倖「成功」於一時，但從此以後，恐怕就要生活在良心的自責和唯恐被揭穿的恐懼之中了。相較於誠實而言，這是「得便宜」還是「吃虧」？

真正誠實的人是懂得吃一些「虧」的，比如存在著不公平、不公正的情況下，或你面對的是一個並不誠實的人時。你有真才實料，你相信靠本事吃飯，結果上司卻給他的三親六戚加薪升遷，卻把你這老實人拋在一邊。你明顯是「吃虧」了。但這不是誠實的罪過，而是不公正上司的罪過。你應該對這種不公正憤怒，而不能對誠實憤怒。你願意因此而扭曲了自己，從此也去做一個不誠實的、待人不公正的人嗎？那你豈不是把自己也與這樣的「主管」相比嗎？

誠實應該從我們自身做起，誠實應該從教育我們的孩子做起。不講誠實，就會變為由心不老實直到良心泯滅的人。而誠實不但使你求得良心的平靜，也能幫助你獲得他人的信任和尊重，幫助你事業走向成功。

94 當心被真相反擊

成功金言

卡內基說:「人與人的交際,是建立在誠實守信的基礎上的。成功者信守承諾,珍視這合作的基礎,以誠實取信於人。」

任何人都想得到對方最好的禮遇。你遇到的每個人都希望當你們談話時,他是你心中唯一的對象。無論你一天內要和多少人相處,對他都不重要,你只在乎你和他在一起時,是如何與他相處的。關於正直有一點很重要,不論對方是誰,都必須要全心全意。

公平對待每一個人,在合理的價格內提供體貼的服務及優良的產品,商品的價格可以打折,但人的品格不能打折扣。給予你的職員及同事們應有的獎勵。

有一個麻醉科醫師,一天,當他準備給一位病人進行麻醉,當時那位病人還很清醒,開始麻醉時那位病人問他:「你今天一共有多少個手術?」他回答說:「7個。」

病人看著他說:「醫生,雖然你今天有 7 次手術,但現在這一個對我是最重要的!」

　　無論你遇見什麼人，這都是個典型的例子。沒有人會在乎你和別人相處得多好，或你曾經為其他人做了什麼。每個人都只會在乎現在，只想知道你會為他做什麼，你將如何表現，以及給他些什麼。

　　俄國作家班台萊耶夫寫過一篇《諾言》的小說，主要內容是：一個七八歲的小孩，在公園裡他和幾個比他大的孩子玩打仗的遊戲，一個大孩子對他說：「你是中士，我是元帥，這裡是我們的『火藥庫』。你做哨兵，站在這裡，等我來叫你換班。」小孩點頭遵命，一直堅守著崗位。天黑了，公園要關門了。「元帥」還不來，「中士」又餓又怕，只是因為承諾在先，他不肯離開「火藥庫」。幸虧有人從路上找來一位紅軍少校，少校對孩子說：「中士同志，我命令你離開崗位。」孩子這才高興地說：「是，少校同志，遵命離開崗位。」剛開始看這個故事覺得很好笑，細細想想，一個孩子那麼信守自己諾言是很了不起的。他要比那些「偽君子」高尚多了。

　　為了確保某事的如期完成，處事雙方可以經商討達成協議，或訂契約或簽合約。一旦一方背約，則將依約懲罰。但人們在共事時，更多的情況是憑信用，憑對對方人格的信任，相托要事，相信所托之事會如期實現，所謂「可信任」、「可信賴」、「信得過」，正是對講信用的人的高度讚揚。

　　自古至今，人們相信這樣一條公理：「人之交，信為本。」交際必須講信用，這是起碼應該遵守的生活準則。爾虞我詐，

互相失去信任，就會影響人和人之間的正常關係。

沒有友誼，世界就如淒涼的沙漠；而沒有信任，則無友誼可言。信任是交心的良方。

小仲馬在他的劇本《金錢問題》中這樣說：「商業？這是十分簡單的事，他就是借用別人的資金！」

是的，商業是那樣的簡單：借用他人的資金來達到自己的目標。這是一條致富之路。富蘭克林是這樣做的，立格遜是這樣做的，希爾頓是這樣做的，凱撒是這樣做的。即使你很富裕，對於這樣的機會，你也不應該放過。

但借用「他人資金」的前提條件是：你的行動要合乎最高的道德標準：誠實、正直和守信用。你要把這些道德標準應用到你的各項事業裡。

缺乏信用是個人、團體或國家逐漸失去成功諸因素中的一個重要因素。因此，請你看一看富蘭克林的忠告。

富蘭克林寫了一本書，名為《對青年商人的忠告》。這本書討論到「借用他人資金」的問題：

「記住：金錢有生產和再生產的性質。金錢可以生產金錢，而它的產物又能生產更多的金錢。」

他又說：「記住，每年 6 鎊，就每天來說不過是一個小數目。就這個小數目來說，它每天都可以在不知不覺的花費中被浪費掉，一個有信用的人，可以自行擔保，把它不斷地累積到 100 鎊，並真正當做 100 鎊使用。」

富蘭克林的忠告在今天具有同樣的價值。你可以按照他的忠告，從幾分錢開始，不斷地累積到 500 元，甚至累積到幾百萬元。這就是希爾頓做到了的事。他是一個講信用的人。

誠實比人的其他品格更能深刻地表達人的內心。誠實或不誠實，會自然而然地體現在一個人的言行甚至臉上，以至於最漫不經心的觀察者也能馬上感覺到。不誠實的人，在他說話的每個語調中，在他面部的表情上，在他談話的性質和傾向中，或者在他待人接物中，都能顯露出弱點。

誠實、真誠、守信用，一個人具備了其中的第一種 —— 誠實，就能在他前進的道路上獲得成功。

95 用真心擄獲世界，打動每一顆「芳心」

成功金言

傅雷說：「一個人只要真誠，總能打動人。」

真誠，乃為人的根本。那些取得巨大成功的人都有許多共同的特點，其中之一就是為人真誠。道理其實很簡單，因為如果你是一個真誠的人，人們就會了解你、相信你，不論在什麼情況下，人們都知道你不會掩飾、不會推託，都知道你說的是實話，都樂於同你接近，因此也就容易獲得好人緣。

以誠待人，能夠在人與人之間架起一座信任的橋梁，通向對方心靈的深處，從而消除猜疑、戒備心理，彼此成為知心朋友。

中國著名翻譯家傅雷說過這樣的話：

「一個人只要真誠，總能打動人，即使人家一時之間不能了解，日後便會了解的。我一生做事，總是第一坦白，第二坦白，第三還是坦白。繞圈子，躲躲閃閃，反而容易讓人起疑心。你耍手段，倒不如光明正大，實話實說，只要態度誠懇、謙卑恭敬，無論如何人家不會對你怎麼樣的。」

美國心理學家安德森曾經做過一個實驗，他制定了一張表，列出 550 個描寫人的品性的形容詞，讓大學生們指出他們所喜歡的品格。實驗結果明顯地表現出，大學生們評價最高的性格品格不是別的，正是「真誠」。在 8 個評價最高的形容詞中，竟然有 6 個（真誠的、誠實的、忠實的、真實的、信得過的和可靠的）與真誠有關，而評價最低的品格是說謊、裝假和不老實。

心理學研究指出，每個人的內心深處都有封閉的一面，同時又有開放的一面，希望獲得他人的理解和信任。不過，開放是定向的，但是只會朝自己信得過的人開放，以誠相待，能夠獲得人們的信任，發現一個開放的心靈，經過努力得到一位用全部身心幫助自己的朋友。

這就是用真誠換來真誠，如果人們在發展人際關係，與人打交道時，去除防備、猜疑的心理，取而代之的是以真誠和別人交際，那麼就能獲得出乎意料的成效。

以誠待人，必須光明正大，坦蕩無私，一旦發現對方有什麼缺點和錯誤，尤其是有關別人事業的缺點和錯誤，要及時地加以指出，並督促其改正。儘管人不喜歡被別人批評，但只要你是站在對方的立場上替對方著想，便能得到理解和接受。

當然，以誠待人，應該知人而交，當你拋出赤誠之心時，應看看站在面前的是何許人也，不應該對不信賴的人敞開心扉。否則，將適得其反。

人總是喜歡誠懇可靠的人，而痛恨和提防口是心非、虛偽陰險的人。真誠無私的品格能使一個外表毫無魅力的人增添許多內在吸引力。人格魅力的基本點就是真誠。

英國專門研究人際關係的卡斯利博士這樣指出：大多數人選擇朋友是以對方是否出於真誠而決定的。人與人之間融洽的感情是心的交流。肝膽相照，赤誠相見，才會心心相印。歲月的流逝，時代的變遷，並沒有減弱「真誠」在友誼宮殿中的光澤。

待人心眼老實一點，守信一點，能更多地獲得他人的信賴、理解，能得到更多的支持、幫助和合作，從而獲得更多的成功機遇，最後脫穎而出，點燃閃亮人生。

96 滿嘴謊言的人，每天都在催眠自己

成功金言

　　古羅馬文學家西塞羅說：「懂得生命真諦的人，可以使短促的生命延長。」

　　欺騙他人的人，其實是在欺騙他自己。下面這個故事充分說明了這個道理。

　　雅利安公司是一家外資企業，更確切地說，是美國環球廣告代理公司亞洲辦事處。因為業務需要，雅利安公司正準備招聘四名亞洲高級職員，擔任業務部、發展部主任助理，待遇不需要多說。競爭是激烈的，憑著良好的資歷和優秀的考試成績。陳先生榮幸地成為 10 名複試者中的一員。雅利安公司的人事部主任大衛先生告訴他複試主要是由貝克先生主持。

　　貝克先生是全球聞名的大企業家，從一個送報員到美國最大的廣告代理公司總經理、董事長，他的經歷充滿了傳奇色彩。並且，他的年紀並不是很大，據說只有 40 歲上下。聽到這個消息，陳先生非常緊張，一連幾天，從英語口語、廣告業務及穿戴方面都做了精心準備，以便順利「推銷自己」。

考試是單獨面試。陳先生走進小會客廳，坐在正中沙發上的一個老外便站起來，他認出來：正是貝克先生。「是你？你是……」貝克先生用流利的中文說出了他的名字，並且快步走到他面前，緊緊握住了陳先生的雙手。「原來是你！我找你很長時間了。」貝克一臉的驚喜，激動地轉過身對在座的另幾位老外說道：「先生們，向你們介紹一下：這位就是救我女兒的那位年輕人。」

陳先生的心狂跳起來，還沒有機會換他說話，貝克先生一把就把他拉到旁邊的沙發上坐下，說道：「真抱歉，當時我只看顧女兒了，也沒來得及向你道謝。」

陳先生竭力抑制住心跳，抿抿發乾的嘴唇，說道：「很抱歉，貝克先生，我以前從未見過您，更沒救過您的女兒。」

貝克先生又一把拉住他：「你忘記了？5 月 3 日，×××公園，一定是你！我記得你臉上有塊痣。年輕人，你騙不了我的。」貝克先生一臉的得意。陳先生站起來：「貝克先生，我想您肯定弄錯了。我沒有救過您女兒。」

陳先生說得很堅決，貝克先生一時愣住了。忽然，他又笑了：「年輕人，我很欣賞你的誠實。我決定：通過了。」

幾天後，陳先生幸運地成了雅利安公司職員。有一次，他和大衛先生聊天，他問大衛：「救了貝克先生女兒的那位年輕人找到了嗎？」

「貝克先生的女兒？」大衛先生最初沒反應過來，接著他大

笑起來：「他女兒？ 有 7 個人因為他女兒被淘汰了。其實，貝克先生根本沒有女兒。」

不要做有損名聲的事情，更不要做那些只能帶來鄙視而不是名譽的空幻之事。任性的表現是多種多樣的，對於神志清醒的人來說，哪一種表現都不應該有。有些人品格低下，對於明智之人所拒斥的一切東西都採取來者不拒的態度。任何一種奇怪的行為他們都引以為樂，儘管這也讓他們為人所知，但卻多半只是被淪為笑柄，而非讚譽。

誠實是一切美德的根本。要獲得別人的信任與重視，你首先應該做到誠實。欺騙他人的人，最終被欺騙的是他自己。

97 與人為善，成為世界的陽光製造機

成功金言

冰心說：「追求和諧親密的人際關係，永遠是人類的共同需要。養成對人懷著善意的習慣，對人抱著親愛友善的態度，就能從中得到成功與快樂。」

一位哲學教授曾有一次問他的學生：「人生在世，最需要的是什麼？」答案眾說不一，而最後一個學生回答得最巧妙：「一顆善心！」「正是，」那位哲學教授說，「你的『善心』這兩個字中，包括了別人所說的一切。因為有善心的人，就能對於自己自安自足，去做一切適宜的事；對於他人，便能成為一個良好的伴侶、可親的朋友。」

從前有個國王，他有一個為他所寵愛至極的兒子。這位年輕的王子沒有一項欲望不能得到滿足。他父王的寵愛與至高無上的權力，可以使他得到一切想要的東西。但他仍然常常緊鎖眉頭，很不快樂。

有一天，一位魔術師走進王宮，對國王說，他能有辦法使王子快樂，可以把王子的憂戚變成笑容。國王很高興地回答說：

「假如你真的能夠把這件事辦成功，那你所要求的任何賞賜，我都可以答應。」

在一間密室裡，魔術家用一種白色的東西，在一張紙上塗了塗，然後把那張紙交給了王子，囑咐他走入一間暗室，隨之，他燃起蠟燭，讓王子注視著紙上呈現出了什麼。說完，魔術師就離開了。

這個王子依言而行。在燭光的映照下，他看見那些白色的字跡化做美麗的綠色，隨後變成了這樣幾個字：「每天給別人做一件善事！」王子遵從魔術師的勸告去做，不久，他就成為了全國最快樂的少年。

一顆與人為善的心，一種坦直、誠懇、忠厚的精神，可以說是一筆財產。懷著那種好心情、好精神的人，雖然沒有一點錢可以施捨他人，但是他能做比那些慷慨解囊的大富翁更多的善事。

我們儘管給予他人大量的親情和同情，給予我們的鼓勵與扶助，然而那些東西，在我們本身是不會因「給予」而有所減少的。相反，我們給予他人愈多，我們自己所獲得的也愈多。我們把親情、善意、同情、扶助給人愈多，那我們所能回收的親情、善意、同情、扶助也愈多。

然而，許多人所能表現或得到的成績與結果確實微乎其微。其中一個原因，就是在親情與同情的給予上，我們不是很慷慨。我們不輕易捨得給予他人以我們的親情與同情和扶助，

因而別人也「以我們之道，還治我們之身」，致使我們也不能輕易獲得他人的親情、同情與扶助。

常常向別人說親近的話，常常注意別人的好處，說別人的好話，這種習慣的養成是十分有益的。人類的壞處，就在彼此互相誤解，彼此指責，彼此猜忌，我們總是看到他人的不好、缺憾與錯誤的地方，習慣於批評他人。假如人類能夠消除這種誤解、指責與猜忌，能夠彼此相親愛、相同情、相扶助，那個人以及社會的發展會更加進步的。

許多人都是因為貪得無厭、自私自利的心理，以及習慣於那種足以硬化人心的、無情的、冷酷的商業行為故，而讓自己目光短淺，只能看到別人身上的壞處，看不到他們的好處。如果我們真的能夠改變態度，不再一意地去指責他人的缺點，而只注意到他們的好處，那麼於己於人都有益處。由於我們的發現，讓他人也能感覺到他們的好處，會因此感到興奮與自尊，進而更加努力。與人為善可以改善你的人際關係，讓你享受交際的快樂。

人際關係是很複雜的，有的人能夠與他人和諧親密地相處，有的人則與他人產生衝突，關係疏遠。和諧親密的人際關係使交際雙方心理相容性較高，彼此間吸引力大，思想上相似程度強，情感上依戀得緊，行為上趨近、合作、利人和獻身。疏遠、衝突的人際關係使交際雙方心理不相容，彼此間排斥力大、思想上分歧多，情感上對立嚴重，往往發生利己、侵犯和

攻擊行為。而每個人都希望追求和諧親密的人際關係，防止和避免那種疏遠、衝突的人際關係。

臺灣人非常強調人際關係的重要性，也就是人緣的重要性。如果你想得到良好的人緣，與人為善是一個最實用的法則。

98 裝得再像，也表演不出動人誠心

　　法國哲學家狄德羅說：「如果道德敗壞了，趣味也必然會墮落。」

　　實際上，真正的真誠是裝不出來的。問問你自己，你相信你自己在做一件事情的真正意義嗎？你相信你們公司的產品嗎？你相信你們公司的部門和指示嗎？你相信和你一起生活、工作的人嗎？如果不相信，那麼你所做的每件事情都含有謊言的成分，即使你並不想這麼做。

　　一位學者說道：

　　前些時日，我和一些人到荷蘭演講，在會後，有很多人要求和我們合照或單獨說話。

　　但人群解散時，其中一位演講的夥伴在後臺對我說：「我想問你一件事。」

　　我說：「什麼事？」

　　他問我：「你怎麼能裝得這麼真誠呢？」

　　這個問題令我大吃一驚，我回答：「我不是一個演員，我

也不善於說謊，我只是將我的感覺坦白地表達出來。當我在街上訪問別人時，我從不事先打招呼，如果我這樣做的話，我會因為知道他們要說什麼而感到無趣，而且觀眾也會看出我的無趣。我從不掩飾我真實的想法。」

他似乎有些驚訝，我知道我的回答可能無法讓他滿意，但是我也感到很詫異。我沒有辦法想像我會去做一些連我自己都不相信的事情。

不可否認，生活中有這樣的人：他們為了事業前途而利用「友誼」，他們選擇與放棄「朋友」都很快，也沒有什麼真正的感覺。

他們選擇「朋友」，就像選購汽車，要求「價廉物美」，事先就預測或設計這些「朋友」對他們的事業、前途有什麼「利用價值」。等到他們獲得晉升與新的社會地位之後，他們就會冷酷無情地把老朋友一腳踢開，然後開始尋找新的朋友 —— 這種新的友誼最後將使他們獲得金錢報酬、榮譽、地位，這些人基本上並不分辨這個人與那個人之間有何差別，都是在精心設計對自己的利益有什麼「好處」之後，再決定選擇什麼人作「朋友」。

這些人以一切與自己是否有益為價值標準。這種形式的「友誼」顯然沒有真正的價值。這種自私的聯盟毫無美感與高貴可言。

我們所要讚揚的是一種完全不同的關係，這種友誼的主要

成分不是利害關係，而是兄弟之愛，這種誠實、付出式的友誼
是是生活中最寶貴的一種。

你應該替烏龜感到悲哀。牠們活了 100 多年，但一生從未
離開過牠們的殼。牠們也毫無辦法。

如果你很羞怯，那你幸運多了，因為你不像烏龜，你有辦
法改變這種情況；你更了解自己的美德，可以回想讓你感到驕
傲的時刻，並重溫這個驕傲時刻；你也可以接受自己的缺點，
真實、積極地調整對自己的心態。你一旦對自己有了較佳的感
覺，就不會嚇得不敢跑出你的「烏龜殼」了。

在你接受真實的友誼之前，一定要有勇氣破除這樣的「殼
心」，從中走出來。

當你尋找到人生的真諦並實踐它時，真誠是你唯一的指
標。雖然已經有很多人說過這句話，但它值得我們再說一次：
真誠的友誼最寶貴。

99 敞開心房，與世界分享最真實的自己

成功金言

戴爾·卡內基說：「塑造自我形象時最大的忌諱，便是虛偽。要知道，那些有成就的人，都常常堅持一個原則：真誠。」

成功需要別人的幫助，而相助之人必是知己才好，但想要得到知己的朋友，首先得敞開自己的心懷。要講真話、實話、不遮遮掩掩、吞吞吐吐，以你的坦率換得朋友的赤誠。正如謝覺哉同志在一首詩中寫道：「行經萬里身猶健，歷盡千艱膽未寒。可有塵瑕須拂拭，敞開心扉給人看。」

在古代，交朋友都強調一個「信」字。「信」者，真誠也。《晏子春秋·內篇存下》中就有「信於朋友」的話。把「信」看成是朋友之間的一個重要環節。在啟蒙讀物《幼學瓊林》中，就有專門講交友的章節，並有種種概括：「爾我同心曰金蘭，朋友相資曰麗澤」，「心志相孚為莫逆，老幼相交曰忘年」，「刎頸之交相如與廉頗，總角之好孫策與周瑜」，這些都是友情的深厚，而深厚的友情其源泉便是真誠待人。

有一個叫哈爾頓的英國作家，他為編寫一本《英國科學家的性格和修養》的書，採訪了達爾文。

達爾文的坦率是盡人皆知的，為此，哈爾頓不客氣地直接問達爾文：「您主要的缺點是什麼？」

達爾文答：「不懂數學和新的語言，缺乏觀察力，不善於合乎邏輯地思考。」

哈爾頓又問：「您的治學態度是什麼？」

達爾文又答：「很用功，但沒有掌握學習方法。」

聽到這些話，誰不會為達爾文的坦率與真誠鼓掌呢？照理來說，像達爾文那樣聲名享譽全球的科學家，在回答作家提出的問題時，說幾句不痛不癢的話，甚至為自己的聲望再多增加幾圈光環，有人會有異議嗎？但達爾文不是這樣。一是一，二是二，甚至把自己的缺點毫不掩飾地袒露在人們面前，這樣高尚的品德，換來的必是真摯的信賴和尊敬。

人與人的感情交流具有互異性。融洽的感情是心的交流。肝膽相照，赤誠相見，才會心心相印。

歲月的流逝，時代的變遷，並沒有減弱「真誠」在友誼宮殿中的光澤。相反，由於社會的進步，人們給「真誠」又增添了光彩。

離開了真誠，則無所謂友誼可言。一個真誠人的心聲，才能喚起一大群真誠人的共鳴。

100 每一份真誠都是無價的投資

成功金言

克萊門特·斯通說：「熱情，火熱的真摯情感，它確實可以鑄造出一個堅強而有能力的人出來。」

要想獲得別人的友誼或感情，必須先不去擔心別人是否喜歡我們，而是要用心去改善自己的態度，並增進能讓別人喜歡你的品格。如果說一個人來到這個世界上最有資格抱怨這個世界不公的話，那麼這個人非海倫·凱勒莫屬。海倫因為小時候一場大病，導致聽障、啞巴和眼盲。她被剝奪了同她周圍的人進行正常交際的能力，只有她的觸覺能幫助她把手伸向別人，體驗關於愛別人和被別人所愛的情感。

後來，一位偉大和富有愛心的家庭教師來到海倫的家，她以崇高的情感和洞察心靈的特殊技巧，把這位又聾、又啞、又盲的小女孩造就成一個充滿幸福、快樂和聞名世界的女作家。

海倫深情地寫道：

「任何人出於他那善良的心，說一句好話，發出一次愉快的笑，或者為別人填平粗糙的路。這樣的人就會感到他的快樂是他自己極其親密的一部分，以致使他終生去追求這種快樂。」

海倫正是繼承了老師那種善良、樂觀而高尚的東西並與他人一起分享，從而讓自己得到了更大更多的快慰。因為你分享給別人的東西越多，你獲得的東西就越多。你把愛和幸福分給別人，你得到的愛和幸福就會更多。

作家荷馬‧克洛維，十分懂得交友之道。凡是碰到他的人，無論是清潔人員、百萬富翁、老弱婦孺，都會在與他相處 15 分鐘之內，對他產生好感。為什麼呢？他既不年輕，又不英俊，更不是百萬富翁，他有什麼魅力可以吸引人呢？很簡單，因為他一點也不矯揉造作，並且能讓別人感受到他真的喜歡、關心他們。

假若有人宣布：「今晚荷馬‧克洛維會到這裡來！」則當天的宴會一定沒有人缺席。除了朋友間深厚的感情之外，荷馬‧克洛維的家人也都十分敬愛他。他的妻子、女兒，還有好幾個孫女，全部都對他稱讚不已。

對他來說，對方是什麼人，或做什麼事，他都不會在意。只要是身為一個人，對他便意義重大，值得付出關愛。每次他遇見陌生人，很快就能像老朋友一樣交談起來 —— 並不是專談自己的事，而是盡量談對方的事。他可以藉由問問題，就知道對方是從哪裡來，做什麼工作，有沒有什麼家人等等。他也不會囉嗦地談個不停，只是向對方表示自己的興趣和關心，藉以建立起友誼。這種做法，連最愛嘲笑人生的人，都會像陽光下的花朵一樣吐露芬芳。

由此，我們可以得出這樣的結論：待人誠懇、熱愛人類的人將無往不利。

101 真誠磁場，吸引成功的力量

成功金言

　　希臘哲學家德謨克利特說：「給人幸福的不是身體上的好處，也不是財富，而是正直和謹慎。」

　　若你是個誠實的人，人們就會了解你、相信你。無論在何種情況下，人們都知道你不會掩飾、不會推託，也不會為自己的行為辯解，他們知道你說的是實話。

　　那些取得巨大成功的人都有許多共同的特點，其中之一就是 —— 為人誠實。

　　美國知名房地產經營家喬治就是以誠實著名的，大家都親切地稱他是「房地產大王」。

　　在他創業初期，當時他在伊利諾州開始擔任房地產業務人員。有一棟房子由他經手出售，屋主曾告訴他：「這棟房子整個框架很好，只是屋頂太老，早就應該要翻修了。」

　　喬治第一天帶去看房子的顧客是一對年輕夫婦。她們說準備買房子的錢有限，很怕超支，所以想找一棟不需大修的房子。他們看了之後，很快就喜歡上了它。特別是它的位置，想

要馬上搬進去住。這時，喬治對他們說：「這棟房子需要花 7,000 美元重新整修屋頂！」

喬治知道，說出這棟房子的真相，這筆生意可能會因此做不成。果然，他們一聽到屋頂要花這麼多錢，就不願意買了。

一個星期之後，喬治得知他們去找另外一家房地產交易所，花較少的錢買了一棟類似的房子。喬治的老闆聽說這筆生意被別人搶走了，非常生氣，他把喬治叫到辦公室。

老闆對喬治的做法非常不滿意，更不高興他替那一對夫婦的經濟條件操心。「他們並沒有問你屋頂的情況！」他氣憤地說：「你沒有責任說出屋頂要修的事，主動說這個情況是愚蠢的！你沒有權利說，結果你搞砸！」於是，喬治被解僱了。

然而，喬治並沒有為自己的行為而後悔，相反，喬治做事堅持以誠實為本 —— 他受到的教育一直是要他說實話。他的父親總是對他說：「你和別人一握手，簽了合約，講話要算數。如果你想長期做生意，就要講公道。」喬治最關心的是他的信用，而不是錢。他當時雖然想要把那棟房子賣掉，但絕不肯為此而損及自己的人格。即使丟了工作，他仍然堅信自己唯一的做事準則就是把所有的真相說出來。

喬治向他幫忙過的一位親戚借了一點錢，搬到加州並在那裡開了一家小小的房地產交易所。過了幾年，他以做生意公道和說實話出名。這樣做雖然讓他丟了不少筆生意，但是人們都知道他靠得住。最後，他終於贏得好名聲，生意做得很興隆，

在全國各地設置了分店。

一個人最怕不老實，青年人最可貴的是老實人作風。「老實」就是不自欺欺人，做到不欺騙人家容易，不欺騙自己最難。

因此，在漫長的人生旅途中失去一些應有的回報算不了什麼。你需要的是建立信用，樹立真正誠實的名聲，以更好地發展你的事業。

102 看好了，這叫誠信投資策略

成功金言

美國金融家拉塞爾‧塞奇說：「堅守信用是成大事者的最大關鍵。一個人要想贏得人家的信任，一定要下非常大的決心，花費大量的時間，不斷努力才能做到。」

如果你擁有良好的品性，能讓人在心裡默認你、信任你，那麼你就有了一項成大事者的資本。

但是，真正懂得獲得他人信任的方法的人真是少之又少。大多數的人都無意中在自己前進的康莊大道上設置了一些障礙，例如有些是態度不好，有些是缺乏機智，有些人不善於待人接物，常常使一些有意和他交流的人感到失望。

任何人都應該努力培植自己良好的名譽，讓人們都願意與你進一步交流，都願意竭力來幫助你。一個明智的商人一定要把自己訓練得十分出色，不僅要有經商的本領，為人也要做到十分的誠實和坦率。

任何人都應該懂得：人格是一生最重要的資本。要知道，糟蹋自己的信用無異於在拿自己的人格當典當。

如何獲得別人的信用呢？以下兩點可供借鑑：

第一，必須注意自我修養，善於自我克制，做事必須懇切認真，建立起良好的聲譽；應該隨時設法糾正自己的缺點；行動要誠實可靠，做到言出必有信，與人交易時必須童叟無欺——這是獲得他人信任的最重要條件。

第二，一個想要獲得他人信任的青年人，必須老老實實做出業績來讓人看，證明他的確是一個判斷敏銳、富於實幹的人。

一個有志成大事的青年，為了自己的前途，無論如何都要抑制不良的誘惑，在任何誘惑面前都要堅定決心、不為所惑。他必須永遠善於自我克制。

英國教育大臣查理斯·克拉克先生這樣認為：

「很多成大事者，靠的就是獲得他人的信任。但到今天仍然有許多商人對於獲得他人的信任一事漫不經心、不以為然，不肯在這一方面花些心血和精力。這種人肯定不會長久地發達，可能沒有多久就要失敗。我們可以十分有把握地拿一句話去奉勸想在商業上有所作為的青年人：你應該隨時隨地地去加強你的信用。一個人要想加強自己的信用，並非心裡想著就能實現，他一定要有堅強的決心，以努力奮鬥去實現。只有實際行動才能實現他的志願，也只有實際的行動才能使他有所成就。也就是說，要獲得人們的信用，除了一個人格方面的基礎外，還需要實際的行動。任何一個青年人在剛跨入社會工作的時候，絕對不會無緣無故立即得到別人的信用。他必須發揮出來

所有力量來，在財力上建立堅固的基礎，在事業上獲得發展、有所成就。然後，他那優良的品行、美好的人格總會被人發現，總會使人對他產生完全的信任，他也一定能夠走上成大事者之路。社會交際中，人們最注意的不是那個成大事者的生意是不是興隆，進帳多不多；他們注意的往往就是那個人是否還在不斷進步，他的品格是否端正，他的習慣是否良好，以及他創業的歷史、他的奮鬥過程。」

很多青年人都沒有注意到：越是細微的事情，越容易給人留下深刻的印象。

一個人一旦失信於人一次，別人下次再也不願意和他交際或發生貿易來往了。別人寧願去找信用可靠的人，也不願再找他，因為他的不守信用可能會生出許多麻煩來。

最有希望成大事的人倒不是那些才華橫溢的人，而是那些最能以親切和藹的態度給人好感的人。

生活中的許多例子可以證明，能博得人的歡心，獲得人的信任，是為人處世不可少的。要做到這一點，首先一條就是有一種令人愉悅的態度，臉上要時時帶著笑容，行動要輕鬆活潑，無論你內心中是否對別人有好意，但如果人們從你的臉上看不到一點快樂，那麼誰也不會對你產生好感。

斯堪地那維亞民航聯運公司（北歐航聯）是瑞典、挪威和丹麥三個北歐國家將其航運公司合併聯合經營而成立的，自1946 年聯營以來，歷經了不少風風雨雨。

第六章
對，只有你覺得謊言包裝得很好

　　北歐航聯一開始採取的一些措施很不得當。他們裁減工作人員，削減機內便利旅客的各種用品，停止提供乘客報紙，這一系列措施雖然減少了一大筆開支，彌補了油價上漲帶來的損失。成本降下來了，新問題又接踵而至：大批裁員使公司人手不夠，售票廳內排起長長的隊伍等候買票；公司內部也開始對公司產生許多意見；公司信譽一落千丈。

　　乘客數量繼續下降，虧損仍然連續不斷，看來公司為減少成本採取的很多措施都毫無作用。無奈之下，公司董事會對公司的高層進行了全面的調整，航聯下屬的瑞典國內民航公司的總經理，41歲的揚·卡爾森被任命為航聯的總經理。

　　卡爾森上臺後，針對北歐航聯的狀況，提出了一整套革新方案。他認為，要改變公司的現狀，實現經濟的根本好轉，立足點就不應該放在縮減、壓縮成本上。削減、壓縮成本是有限的，是在激烈經濟競爭中採取的消極措施。要在亂中求勝，在競爭中脫穎而出，必須採取積極的手段。在卡爾森看來，這種積極手段就是努力開拓財源，「招來顧客，高於一切」，只有擁有一大批穩定的顧客才有在競爭中求勝的基礎。

　　為此，他建設性地提出設立「歐洲艙」。在「歐洲艙」裡，旅客們可以獲得稍大的空間和更好的服務。除了在飛機上享有特殊照顧，商業乘客在登機前便開始受到優待，例如他們可以在專用櫃檯迅速辦理登機手續等等。這個舉動解決了他們因為商業活動漂浮不定而很難預先訂票的困難；他們還可以在安裝

電話、電報設施的候機室裡工作，讓他們始終可以進行有關商業方面的聯繫。

「歐洲艙」的設立，給商業乘客帶來了許多方便，贏得了部分乘客的好感。而航聯針對商業乘客職業特殊性採取的一系列措施也為越來越多的人所知道，從而吸引了越來越多的商業乘客。

一年之後，公司扭虧為盈，利潤豐厚。

任何事都需要持之以恆，同樣，要獲得別人信任也是如此。良好的態度要一以貫之，千萬不要今天扮了一天笑臉，明天卻難以自制而故態復萌，顯出粗俗急躁的本性。一個志向高遠、決心堅定的人，做任何事情都會有始有終，而不會半途而廢，否則，很難獲得人們的信任。

103 把自己奉獻給朋友，成就無價的羈絆

成功金言

英國哲學家伯特蘭・羅素說：「並不僅僅是在不幸之中才需要朋友，因為幸福的人也需要朋友來共用自己的幸福。」

美國小說家約翰・史坦貝克說：「不願關心別人的人對自己也必然漠然不管。古今失敗者，多半是這一種人。」的確，不關心別人，沒有朋友的人，他的人生是淒慘的，有什麼財富能夠代替友誼對我們心靈的慰藉呢！有多少大富翁希望能夠拿出他們財產中的一大部分，來換取在瘋狂地追逐金錢過程中而疏離的朋友啊！

據說，美國有一位大富翁去世時，除了他的直系親屬之外，只有不到六個人參加了他的葬禮。然而在幾週之後，另一個人去世時，整個大教堂都被擠得水洩不通，街道上都是自動聚集起來向這位死者表示最後敬意的人群，儘管在他身後留下的財產不到一千美元。

後者之所以能夠得到這樣的殊榮，是因為他愛自己的朋

友，任何一個認識他的人似乎都是他的朋友。他引以為豪的是，他是友誼上的大富翁，而不是他能夠擁有多少金錢。即便他只剩下最後一美元，他也會和其他需要的人分享。他絲毫不吝惜向他人提供自己的服務和幫助。他把自己奉獻給了朋友們——這種奉獻是毫無保留的、真誠的、慷慨的、寬宏大量的。在他的一生中，沒有表露出任何出於為自己的私心或貪婪打算的痕跡。在這樣的一個人逝世時，成千上萬的人都認為這是社會的一項重大損失，因此，出現這樣的景況毫不為奇。

只有那些願意為他人提供慷慨無私的幫助，甚至願意為此獻出自己寶貴生命的人，才能夠意識到，只有透過細心的播種，才會有甜美的豐收。那些只懂得拚命索取而不願付出的人是不可能得到真正的財富的。他就像過於看重自己的種子而捨不得播種的人一樣，把種子藏起來，幻想著有一天會因囤積的稻穀而變得更加富有。他不把稻穀播種到土壤裡，因為他看不到種子所能帶來的豐收。人生和友誼也是如此，我們自身在這個世界上能夠得到多大的發展，是與我們在多大程度上幫助其他人前進密不可分的。

古羅馬哲學家塞內卡說：

「友誼必須是無保留的；在你伸出友誼之手之前，你可以盡可能地深思熟慮，但是，友誼一經形成，便不能再猶豫徘徊或妒火中燒……，友誼是需要時間考驗的，一旦你下了決心，你就應該讓對方進入你的心靈深處……，友誼的目的是找到一個

能夠比我們自己更知心的人，為了拯救他的生命，我們將樂意犧牲自己。請記住這樣一個原則，那就是只有明智的人才能成為朋友，而其他的人也只是個夥伴。」

有了朋友，生命才顯出它全部的價值。

跋

　　在人生成功的大道上，失敗在所難免，但關鍵是失敗以後不要退縮，要積極思考失敗的原因，努力尋求新的辦法。誰也無法確定自己什麼時候才能成功，所以你要首先學會認識失敗，學會利用失敗。

　　生命的獎賞，遠在旅途的終點，而非起點附近。雖然你不知道要走多少步才能達到目標，踏上第 999 步的時候，仍然可能遭到失敗，但成功就藏在轉角的後面，除非轉了彎，否則你永遠不知道還有多遠。

　　所以，再堅持敲一下門，如果大門仍沒有開啟，那就不妨再多敲一下。事實上，每次進步一點點並不難。就像沖洗高山的雨滴，吞噬猛虎的螞蟻，照亮大地的星辰；你要明白水滴石穿的道理，只要持之以恆，什麼都可以做到。

　　因為每一次失敗都會增加下一次成功的機會。這一次的拒絕就是下一次的贊同，這一次皺眉的結束就是下一次笑容舒展的開始。

　　要堅信，沙漠盡頭一定是綠洲。要信心百倍，迎接新的太陽，相信「今天是此生最好的一天」。不要甘心做一個平庸的人，你有權成為一個不尋常的人。

　　現在，如果你在做一件事情，就不應再考慮其他事情；如

果你已經開始行動,就應一直做下去。

我們並不排除失敗的回饋作用。是的,失敗會使人喪失鬥志,但對於一個信念堅定的人來說,失敗則往往能激起更大的鬥志。

要知道,並非是金錢和地位決定了你的願望和需求,而是你的願望和需求決定了金錢和地位對你的意義。

我們整個的生命就是一場控制性遊戲,有時你會贏,有時你會輸。你要訓練自己掌握遊戲的法則,這樣你就會盡可能多的在遊戲中獲勝。

最後,衷心祝願親愛的讀者朋友們,在今後的人生道路上,真正能一步一個腳印一個腳印地去實踐,去開創人生的輝煌!

電子書購買

爽讀 APP

國家圖書館出版品預行編目資料

羨慕是一種高利貸——心靈的負債，羨慕的真實成本：探索自我價值，解鎖內心的自信之鑰，拒絕高利貸情感的誘惑 / 林庭峰，金躍軍 著 . -- 第一版 . -- 臺北市：財經錢線文化事業有限公司，2024.02
面；　公分
POD 版
ISBN 978-957-680-765-7(平裝)
1.CST: 自我肯定 2.CST: 自我實現
177.2　　113001341

羨慕是一種高利貸——心靈的負債，羨慕的真實成本：探索自我價值，解鎖內心的自信之鑰，拒絕高利貸情感的誘惑

臉書

作　　　者：林庭峰，金躍軍
發 行 人：黃振庭
出 版 者：財經錢線文化事業有限公司
發 行 者：財經錢線文化事業有限公司
E-mail：sonbookservice@gmail.com
粉 絲 頁：https://www.facebook.com/sonbookss/
網　　　址：https://sonbook.net/
地　　　址：台北市中正區重慶南路一段六十一號八樓 815 室
Rm. 815, 8F., No.61, Sec. 1, Chongqing S. Rd., Zhongzheng Dist., Taipei City 100, Taiwan
電　　　話：(02) 2370-3310　　　傳　　　真：(02) 2388-1990
印　　　刷：京峯數位服務有限公司
律師顧問：廣華律師事務所 張珮琦律師

定　　　價：450 元
發行日期：2024 年 02 月第一版
◎本書以 POD 印製